高等职业技术院校"十二五"规划教材——交通运输类

铁路行车规章及事故案例分析

主　编　谢立宏　刘士局

副主编　王建军　王志刚

西南交通大学出版社

·成都·

内容简介

本书是根据高职铁道交通运营管理专业人才培养方案和"铁路行车规章"课程标准而编写的，主要内容包括：编组列车、调车工作、行车闭塞法、接发列车、行车事故处理及案例分析。本书既可作为"铁路行车规章"课程的主讲教材，亦可供铁路运输工作人员学习参考。

图书在版编目（CIP）数据

铁路行车规章及事故案例分析 / 谢立宏，刘士局主编. — 成都：西南交通大学出版社，2014.1（2019.7 重印）
高等职业技术院校"十二五"规划教材. 交通运输类
ISBN 978-7-5643-2835-1

Ⅰ.①铁… Ⅱ.①谢… ②刘… Ⅲ.①铁路行车 – 规章制度 – 高等职业教育 – 教材②铁路运输 – 行车事故 – 案例 – 高等职业教育 – 教材 Ⅳ.①U292.11②U298.5

中国版本图书馆 CIP 数据核字（2014）第 008726 号

高等职业技术院校"十二五"规划教材——交通运输类

铁路行车规章及事故案例分析

主编 谢立宏 刘士局

责 任 编 辑	周 杨
封 面 设 计	何东琳设计工作室
	西南交通大学出版社
出 版 发 行	（四川省成都市二环路北一段 111 号 西南交通大学创新大厦 21 楼）
发行部电话	028-87600564　028-87600533
邮 政 编 码	610031
网　　　址	http://www.xnjdcbs.com
印　　　刷	四川森林印务有限责任公司
成 品 尺 寸	185 mm × 260 mm
印　　　张	11.75
字　　　数	292 千字
版　　　次	2014 年 1 月第 1 版
印　　　次	2019 年 7 月第 4 次
书　　　号	ISBN 978-7-5643-2835-1
定　　　价	24.00 元

前　言

　　本书是根据铁道交通运营管理专业学生在校期间所必须掌握的铁路行车规章的基本知识和基本规定编写的，既包括对理论知识的学习，又突出了对学生运用所学知识分析、解决实际问题的能力培养，具有较强的实用性。

　　本书在编写过程中进行了广泛的调研，并征求运输站段专业技术人员的意见，主要内容包括：编组列车、调车工作、行车闭塞法、接发列车、行车事故处理及案例分析。

　　本书由吉林铁道职业技术学院谢立宏、刘士局主编，王建军、王志刚副主编。具体分工如下：谢立宏（第二章）、王志刚（第一章）、刘士局（第三章、第五章）、王建军（第四章）。

　　本书在编写过程中，借鉴和参考了大量铁路现行的行车规章方面的资料，同时也得到了沈阳铁路局及有关站段领导和同志们的大力支持，在此表示诚挚谢意！

　　鉴于编写人员水平有限，书中难免有疏漏之处，恳请各位老师和广大读者批评指正。

编　者

2013 年 11 月

目　录

第一章　编组列车 ·· 1
　第一节　一般要求 ··· 1
　第二节　禁止编入列车的车辆 ····································· 6
　第三节　货物列车中车辆的编挂 ·································· 11
　第四节　旅客列车中车辆的编挂 ·································· 17
　第五节　列车中关门车的编挂 ···································· 18
　第六节　列车中机车的编挂及单机挂车 ······························ 22
　第七节　列车中的车辆检查及修理 ································· 23
　　思　考　题 ·· 26

第二章　调车工作 ··· 28
　第一节　调车工作概述 ··· 28
　第二节　调车作业计划及准备 ···································· 33
　第三节　调车作业的规定和要求 ·································· 37
　第四节　手信号 ··· 48
　第五节　听觉信号 ··· 66
　第六节　接发列车与调车作业 ···································· 68
　第七节　机车车辆停留 ··· 72
　　思　考　题 ·· 77

第三章　行车闭塞法 ··· 78
　第一节　一般要求 ·· 78
　第二节　半自动闭塞 ·· 82
　第三节　自动闭塞 ·· 87
　第四节　电话闭塞 ·· 93
　第五节　一切电话中断时的行车 ·································· 97
　　思　考　题 ··· 101

第四章　接发列车 ·· 102
　第一节　一般要求 ··· 102
　第二节　接发列车作业 ·· 105
　第三节　接发列车作业标准 ····································· 117

　　第四节　相对方向同时接车和同方向同时发接列车 ……………………… 119

　　第五节　站内无空闲线路时的接车 …………………………………………… 122

　　第六节　引导接车 …………………………………………………………… 124

　　第七节　无联锁线路接发列车 ……………………………………………… 127

　　思 考 题 …………………………………………………………………… 130

第五章　行车事故处理及案例分析 …………………………………………… 131

　　第一节　《事规》的性质、作用及行车事故分类、通报 …………………… 131

　　第二节　作业人员安全 ……………………………………………………… 146

　　第三节　事故应急处理 ……………………………………………………… 148

　　第四节　沈阳铁路局车务系统职工人身死亡案例 ………………………… 153

　　第五节　行车事故案例分析与预防 ………………………………………… 158

　　思 考 题 …………………………………………………………………… 180

参考文献 …………………………………………………………………………… 181

第一章　编组列车

编组列车是铁路完成运输生产任务的主要过程，是技术站的主要作业内容之一。列车编组的质量直接影响列车运行的安全和效率。为了安全、迅速地完成运输任务，列车必须严格按列车编组计划、列车运行图和《铁路技术管理规程》（以下简称《技规》）的有关规定编组。

第一节　一般要求

一、列　车

（一）定　义

列车是指编成的车列并挂有机车及规定的列车标志。动车组列车为自走行固定编组列车。

（二）列车的分类和等级

在运输生产工作中根据需要和服务对象，每列列车分别担负着不同的运输任务，从而分成不同的运输种类；根据任务的轻、重、缓、急，列车又分为不同的等级。在行车工作中，正常情况下必须依照列车的等级顺序放行列车、调整列车的运行秩序。在编组列车运行图、制定日常列车运行计划及进行运行调整时，亦须统筹兼顾，妥善安排。

为适应旅客和货物运输的不同需要，按照运输的性质和用途，列车的分类和运行等级顺序如下。

1. 按运输性质分类

（1）旅客列车（动车组列车、特快、快速、普通旅客列车）：为运送旅客开行的列车。

（2）特快货物班列：是指使用行李车或邮政车等客车车辆，根据需要编组，整列装载行李、包裹和邮件等的列车。

（3）军用列车：按规定条件运送军队以及军用物资的列车。

（4）货物列车：为运送货物和排送空货车开行的列车。又可分为：

① "五定"班列：定点、定线路、定车次、定时、定价的货物列车。即在货运量较大的货运站间开行、发到直达、运行线路全程贯通、车次全程不变、发到时刻固定、以车或箱为单位报价的货物列车。

② 快运货物列车（快速运送鲜、活、易腐及其他急运货物）：以快速客运系统的线路条件为基础，采用运行速度 120 km/h 的专用车辆，按旅客列车的形式，以高附加值货物为重要运输对象的快速列车。

③ 重载列车：牵引重量达到或超过 8 000 t 的货物列车。

④ 直达列车：通过一个及其以上编组站不进行改编作业的列车。在装车站组成的，叫始发直达列车；在技术站（编组站和区段站的总称）组成的，叫技术直达列车。

⑤ 直通列车：在技术站编组并通过一个及其以上区段站不进行改编作业的列车。

⑥ 区段列车：在技术站编组并到达相邻技术站，在区段内不进行摘挂作业的列车。

⑦ 摘挂列车：在技术站编组并在邻接区段内的中间站进行车辆甩挂或零担货物装卸的列车。

⑧ 超限列车：挂有装载超限货物的车辆并冠以超限列车车次的列车。

⑨ 冷藏列车：利用机械冷藏车专门运送鲜活、易腐等需要保持特定温度的货物的列车。

⑩ 自备车：全列为企业自备的车辆编成的列车。

⑪ 小运转列车：在技术站和邻接区段规定范围内的几个中间站之间开行的列车，称为区段小运转列车；在枢纽内各站间开行的列车，称为枢纽小运转列车。

（5）路用列车：不以营业为目的，专为完成铁路本身任务而开行的列车。如试验列车，运送铁路器材、路料的列车，因施工、检修需要开行的轨道车、接触网作业车、大型养路机械车组等。

2. 列车运行等级顺序

（1）动车组列车；

（2）特快旅客列车；

（3）特快货物班列；

（4）快速旅客列车；

（5）普通旅客列车；

（6）军用列车；

（7）货物列车；

（8）路用列车。

开往事故现场救援、抢修、抢救的列车，应优先办理。

特殊指定的列车的等级，应在指定时确定。

此外，按其所挂车辆的空重状态可分为：重车列车、空车列车、空重混编列车。按货物列车内车组数目及其在途中站是否进行车组换挂作业可分为：单组列车和分组列车。由两列或三列列车联挂在一起组成的列车，称为组合列车。

（四）列车车次

为便于组织列车运行和作业，各类列车均应有固定的车次，上行列车编为双数，下行列车编为单数。在个别区间，使用直通车次时，可与规定方向不符。我们可以从不同的车次辨认该列车的种类、等级和行进方向。现行的列车种类、车次编定见表1.1。

表 1.1　列车车次编定表

顺　号	列车分类		车次范围	顺　号	列车分类	车次范围
一	旅客列车			二	行邮、行包列车	X1～X998
1	高速动车组旅客列车		G1～G9998	1	行邮特快专列	X1～X198
	其中	跨局	G1～G5998	2	行邮快运专列	X201～X998
		管内	G6001～G9998	三	货物列车	
2	城际动车组旅客列车		C1～C9998			
	其中	跨局	C1～C1998	1	直达货物列车	80001－87998
		管内	C2001～C9998		货运"五定"班列	80001～81748
3	动车组旅客列车		D1～D9998	2	快运货物列车	81751～81998
	其中	跨局	D1～D3998	3	煤炭直达列车	82001～84998
		管内	D4001～D9998	4	石油直达列车	85001～85998
4	直达特快旅客列车		Z1～Z9998	5	始发直达列车	86001～86998
5	特快旅客列车		T1～T9998	6	空车直达列车	87001～87998
	其中	跨局	T1～T4998	7	技术直达列车	10001～19998
		管内	T5001～T9998	8	直通货物列车	20001～29998
6	快速旅客列车		K1～K9998	9	区段货物列车	30001～39998
	其中	跨局	K1～K6998	10	摘挂列车	40001～44998
		管内	K7001～K9998	11	小运转列车	45001～49998
7	普通旅客列车		1001～7598	12	超限货物列车	70001～70998
	（1）普通旅客快车		1001～5998	13	万吨货物列车	71001～72998
	其中	跨三局及其以上	1001～1998	14	冷藏列车	73001～74998
		跨两局	2001～3998	15	军用列车	90001～91998
		管内	4001～5998	16	自备车列车	60001～69998
	（2）普通旅客慢车		6001～7598	17	抢险救灾列车	95001～97998
	其中	跨局	6001～6198	四	单机和路用列车	
		管内	6201～7598	1	单机	50001～52998

续表 1.1

顺　号	列车分类		车次范围	顺号	列车分类		车次范围
8	通勤列车		7601～8998	1		客车单机	50001～50998
9	临时旅客列车		L1～L9998		其中	货车单机	51001～51998
	其中	跨局	L1～L6998			小运转单机	52001～52998
		管内	L7001～L9998	2	补机		53001～54998
10	旅游列车		Y1～Y998	3	试运转列车		55001～55998
	其中	跨局	Y1～Y498	4	轻油动车、轨道车		56001～56998
		管内	Y501～Y998	5	路用列车		57001～57998
11	动车组检测列车		DJ5501～DJ5598	6	救援列车		58101～58998
12	回送出入厂客车底列车		001～00298				
13	因故折返旅客列车		原车次前冠以"F"				

二、编组列车的依据和质量要求

（一）编组列车的依据

在铁路网中，各个技术站每天都要进行大量的调车作业，其目的就是及时编组质量符合规定要求的各种列车。

编组列车就是按列车种类、用途和运输性质，根据《技规》、列车编组计划和列车运行图所规定的编挂条件、车组、重量及长度，将车辆或车组选编并连挂成车列。

（二）编组列车的质量要求

（1）编组列车必须符合《技规》关于机车车辆编入列车的技术条件、隔离和编挂限制、关闭自动制动机的车辆配挂数量和位置要求，以及单机挂车的规定。

（2）编组列车必须符合列车编组计划的编挂内容、编挂顺序的要求。

（3）编组列车必须符合列车运行图规定的列车重量（或牵引定数）及长度（换长或计长）标准。

如不按上述要求编组列车，不仅会因浪费牵引力造成经济损失，而且对列车运行、列车接发的安全也会产生威胁。

（三）列车重量、长度尾数波动范围

列车牵引定数又称牵引吨数或列车重量标准，它是根据机车牵引力、区段限制坡度等因

素，通过计算、试运转和各种类型机车牵引重量的平衡，最后取整而定的。列车长度应根据运行区段内各站到发线的有效长度，并须预留 30 m 的附加制动距离来确定。如果列车长度超过规定，就会影响列车在中间站的会让越行。在编组列车时，其重量或长度应满足列车运行图规定的各区段的牵引定数或计长。由于实际编成的列车与图定的重量、长度不可能完全一致，因此铁路总公司规定了尾数波动范围。

（1）货物列车重量按列车运行图规定牵引定数允许上下波动 80 t，计长允许欠 1.2 辆。

（2）列车重量按运行图规定的牵引定数超过 81 t 及其以上，连续运行距离超过规定机车乘务区段 1/2 的货物列车为超重列车，又称超轴列车。

（3）列车重量按运行图规定的牵引定数欠 81 t 及其以上，且欠长 1.3 及其以上，连续运行距离超过机车乘务区段 1/2 的货物列车为欠重列车，又称欠轴列车。

（4）列车长度超过运行图规定长度时，即为超长列车。超长列车的最大长度不得超过规定长度的 2 倍。

线路坡度在 12.5‰以上的区段或牵引定数在 3 000 t 以下的尾数波动，局管内列车由铁路局自定；跨局的由有关铁路局商定，报铁路总公司审批。

三、超重、欠重、超长列车的开行

（一）超重列车的开行

编组超重列车有利于节省机车运用台数、提高区段通过能力，但由于机车性能和司机技术水平的限制，可能造成运缓、区间停车或会让不利而打乱运行秩序。为此，在编组超重列车时，在技术站应得到机务段值班员的同意；在中间站应得到司机的同意，并须经列车调度员准许，方能开行。

（二）欠重列车的开行

编组欠重列车浪费机车牵引力，因此，列车不得低于规定的重量或长度。遇有必须开行欠轴列车的情况，亦应取得列车调度员的命令准许。跨局列车要经铁路总公司批准，并应发给欠轴的调度命令方能开行。

（三）超长列车的开行

编组列车时虽未超过图定区段计长，而实际上超过停放该列车到发线的有效长度时，亦应按超长列车办理。开行超长列车时，必须取得列车调度员的命令准许。

（1）开行超长列车时，必须在班计划及阶段计划内确定。跨局时，应事先取得有关局调度员同意。列车调度员应在开车前 3 h 做出会让计划，最晚在会让前 1 h 下达有关车站。单线区段除到发线能安排会让外，不得对向开行超长列车。

（2）旅客列车不得超长，必须超长时，由铁路局局长（副局长）批准。

（3）超长列车在技术站必须编在两条线路上时，列车的技术检查应平行进行，连挂在一起后进行列车自动制动机简略试验。

（4）超长列车到达后妨碍邻线需要转线时，可由本务机车担当作业。对转线甩下部分，有列检作业的车站，必须经列检进行技术检查后，方可分解作业。

（5）途中停车站需列车头部越过出站（发车进路）信号机时，准许车站先开放出站（发车进路）信号机，列车根据车站值班员的通知停车，车站再发车时，不再发给司机行车凭证。

（6）超长列车需尾部越出站界发车时，按规定递交的出站（跟踪）吊车通知书可不收回。待列车尾部进站后，方可办理区间开通手续。

各站接发超长列车的办法，应根据各自车站的设备，在《站细》内规定。

全国主要干线直通列车规定了统一的牵引重量和长度标准。直通列车原则上不准超重、超长或欠轴。

编组列车的重量和计长是通过"列车编组顺序表"计算求得的，其中列车的重量是车辆自重与货物重量的总和。车辆重量及长度应按《技规》（普速铁路部分）第16表确定，见表1.2。货物重量可按铁路总公司下发的《铁路货车统计规则》中有关规定进行计算。

表 1.2   《技规》（普速铁路部分）第 16 表   车辆重量及长度表

1.客　　　车		
客车种类	平均每辆总重量（t）	平均每辆换算长度
各种客车	按车体外部标记计算	按车体外部标记计算
2.货　　　车		
货车种类	平均每辆自重（t）	平均每辆换算长度
标记载重 60 t 四轴棚车（P62K、P63K）	24.0	1.5
标记载重 58 t 四轴棚车（P64K）	25.4	1.5
标记载重 58 t 四轴棚车（P64AK）	25.7	1.5
标记载重 58 t 四轴棚车（P65）	26.0	1.5
标记载重 70 t 四轴棚车（P70）	24.9	1.6
标记载重 60 t 四轴敞车（CF、CFK）	22.4	1.2
标记载重 60 t 四轴敞车（C62A、C62AK）	21.7	1.2
标记载重 60 t 四轴敞车（C62B、C62BK）	22.3	1.2
标记载重 61 t 四轴敞车（C63、C63A）	22.5	1.1
标记载重 61 t 四轴敞车（C64K）	23.0	1.2
标记载重 60 t 四轴敞车（C61）	23.0	1.1
标记载重 70 t 四轴敞车（C70）	23.8	1.3
标记载重 70 t 四轴敞车（C70E）	24.0	1.3
标记载重 80 t 四轴敞车（C80、C80B）	20.0	1.1

续表 1.2

标记载重 100 t 六轴敞车（C100A、C100AH）	26.0	1.4
标记载重 50 t 四轴集装箱平车（X1K）	19.8	1.3
标记载重 60 t 四轴集装箱平车（X6A）	17.8	1.3
标记载重 60 t 四轴集装箱平车（X6K）	18.0	1.2
标记载重 70 t 四轴集装箱平车（X4K）	21.8	1.8
标记载重 70 t 四轴集装箱平车（X70）	22.4	1.2
标记载重 80 t 四轴集装箱平车（X2K）	22.0	1.8
标记载重 60 t 四轴平车（N17AK）	21.0	1.3
标记载重 60 t 四轴平车（N17GK）	21.9	1.3
标记载重 60 t 四轴平车（N17K）	20.5	1.3
标记载重 60 t 四轴平集共用车（NX17AK）	22.9	1.3
标记载重 60 t 四轴平集共用车（NX17K）	22.4	1.3
标记载重 60 t 四轴平集共用车（NX17BK）	22.9	1.5
标记载重 70 t 四轴平集共用车（NX70）	23.8	1.5
标记载重 70 t 四轴平集共用车（NX70A）	23.8	1.3
标记载重 53 t 四轴罐车（G60K）	21.0	1.1

第二节　禁止编入列车的车辆

在编组列车时，对其所挂的车辆在技术上有一定的限制和要求。凡属下列情况之一的机车车辆，禁止编入列车。

1. 插有扣修、倒装色票的及车体倾斜超过规定限度的

货车插有"色票"表示该车辆定检到期或技术状态不良需要进行检修。

凡经检车人员确定，因技术状态不良或定检到期需要检修的车辆，或重车因技术状态不良需要倒装而进行摘车修理时，检车人员应在该车的表示牌框内插上相应的色票。各种色票的插、撤，只能由列检人员进行，同时要向车站发出"车辆检修通知书"。车站应按通知书要求送往指定地点。

（1）车辆定期检修标记。车辆定期检修标记是指厂修、段修、辅修的标记，其检修周期见表 1.3：

表 1.3　货车定期检修周期表

车　种	厂　修		段　修	辅　修
	普碳钢	耐候钢		
冰冷车	4 年	6 年	1 年	6 个月
酸碱类罐车、液化石油气罐车、液氯罐车		8 年		
棚车、敞车、平车、矿石车、罐车、家畜车、粮食车、水泥车、活鱼车、载重 60 t 凹型车	5 年			
不常用的专用车、载重 90 t 及其以上的货车	8 年		2 年	
$C_{62A}C_{62A(N)}C_{64}X_{6A}P_{62R}P_{63}$ 及新型通用货车	6 年	9 年	1.5 年	

注：1. 专用车指：救援车、机械车、线桥工程车、宿营车、发电车、检衡车、磅秤修理车、生活供应车、战备车等。
　　2. 液化石油气罐车、液氯罐车只限于底架、钩缓、制动和转向加的检修，不包括罐体部分的修理。
　　3. C 63A 型敞车只限于车号为 7 位数的敞车。
　　4. 毒品车不做厂修，8 年做 1 次扩大段修。

标记方式示例如下：

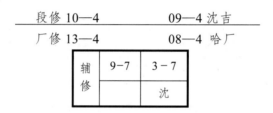

说明：① 第一行是段修标记，表示这辆车在 2009 年 4 月由沈阳铁路局吉林车辆段施行段修，并应于 2010 年 4 月进行下一次段修。

② 第二行表示厂修，意思与段修标记相似。

③ 辅修标记中表示这辆车在 3 月 7 日由沈阳车辆段施行辅修，下次辅修到期是 9 月 7 日。

（2）检修色票分为五种，如图 1.1 所示。

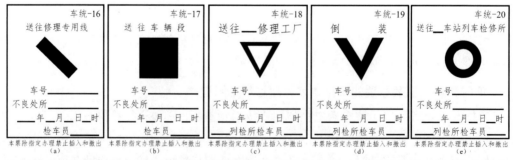

（a）送往修理专用线（车统-16）；（b）送往车辆段（车统-17）；（c）送往修理工厂（车统-18），并需附有车辆检修回送单（车统-26）；（d）货车倒装（车统-19）；（e）送××车站列车检修所（车统-20）

图 1.1　车辆检修色票示意图

车体倾斜，是指车辆向一侧或一端倾斜，如图 1.2 所示。车体倾斜的原因很多，主要有以下两种：

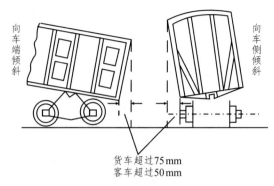

向车端倾斜　　　　　　　　向车侧倾斜

货车超过75 mm
客车超过50 mm

图 1.2　车体倾斜示意图

（1）主要原因在货物装载方面，如装载偏重、集重及超重等；

（2）车辆本身的原因是车体结构松弛、弹簧衰弱。但近几年来，随着大型车辆的增多和小型、杂型车辆的淘汰，这方面的情况已大大减少。

危害：车体倾斜可能使弹簧折断或车辆燃轴，若不及时发现容易造成热切，致使车辆脱轨颠覆，造成严重损失。此外，车辆倾斜超过限度，也可能使车辆侵入限界与信号设备、建筑物或者是邻线机车车辆接触，危及行车安全。

因此，客车倾斜超过 50 mm、货车倾斜超过 75 mm 的车辆禁止编入列车。曾经脱轨或曾编入发生重大、大事故列车内，未经检查确认可以运行的这些车辆经过激烈冲撞，其主要部件、零件，如转向架、轮对、轴箱、车钩及车底架等可能存在隐患，如不加以细致检查并确定对行车有无妨碍就编入列车，将会严重威胁运行安全。

2. 曾经发生冲突、脱轨、火灾、爆炸或曾编入发生特别重大、重大、较大事故列车内以及在自然灾害中损坏，未经检查确认可以运行的

这些车辆经过激烈冲撞，其主要部件、零件，如转向架、轮对、轴箱、车钩及车底架等可能存在隐患，如不经列检细致检查并确定对行车有无妨碍就编入列车，将严重威胁运行安全。

3. 装载货物超出机车车辆限界，无挂运命令的

一件货物装车后，在平直线路上停留时，货物的高度有任何部位超过机车车辆限界或特定区段装载限界的，称为超限货物。

在平直线路上停留虽不超限，但行经半径为 300 m 的曲线线路时，货物的内侧或外侧的计算宽度（已经减去曲线水平加宽量 36 mm）仍然超限的，亦为超限货物。

车站在挂运超限车前，由车站值班员或车站调度员将批示命令号码、车种、车号、到站、超限等级等报告调度所，以便纳入日班计划。调度所在挂运超限车前，将管内具体运行条件以调度命令下达有关站段，以便做好准备工作。发站、中转站的车站值班员应将调度命令交给列车乘务员。挂有超限车的列车，应按《站细》规定的线路通过。在运行中有限速等限制条件的超限车辆，除有特别指示外，禁止编入直达、直通列车。

乘务员在接收超限车辆时，应严格检查超限车辆的加固状态，确认没有窜出检查线，方准挂运。

运行途中发现异状时，应立即报告列车调度员，按其指示办理。

没有调度命令的超限车辆禁止挂运。

4. 装载跨装货物（跨及两平车的汽车除外）的平车，无跨装特殊装置的

一件货物的长度或重量，不能容纳于一辆平车上，需要用两辆平车共同负担载重时，称为跨装，如图 1.3 所示。

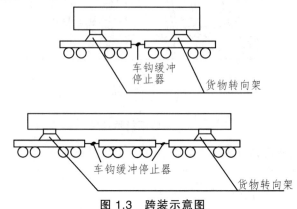

图 1.3 跨装示意图

为使装载跨装货物的车辆能够顺利地通过曲线，必须在车辆与货物之间使用特殊装置——货物转向架。同时，为了防止因车钩弹簧压缩、伸张而造成货物的窜动，在货物跨装的车辆与车辆之间还必须使用车钩缓冲停止器（卡铁）。若无特殊装置，当列车通过曲线或坡道地段则可能产生货物移动、车辆脱轨或颠覆等后果。

在实际工作中，跨及两车装载的汽车或爬装的汽车，由于有车轮的小距离的转动，可以缓解和适应车钩的伸缩，因此不受此条的限制。

5. 平车及敞车装载货物违反装载和加固技术条件的

货物装载加固必须保证能经受正常调车作业及列车运行中的冲击，以保证货物在运输全程中不致发生移动、滚动、倾覆、倒塌或坠落等情况。平、敞、砂石车装载的货物，必须符合《铁路货物运输规程》中"货物装载加固技术条件"的要求，如货物装载不得偏重、偏载、上重下轻等。货物装车后，其总重心横向偏离车底板纵中心线的水平距离超过 100 mm 时，为横向偏重；其总重心纵向偏移，使一个车辆转向架所承受的货物重量超过标记载重的 1/2，或两转向架承受的重量之差大于 10 t 时，为纵向偏重。两者有时会同时发生。

偏重和偏载的区别是：偏重使一个车辆转向架所承受的压力超过其规定压力，而偏载未超过。

货物装车后，车底架的工作应力超过其允许应力时，称为集重装载。确定集重货物，必须搞清支重面长度和负重面长度两个概念。支重面指货物的底面，支重面长度是指货物直接放于平面时用来支撑本身重量那部分底面的长度；负重面指车底板顶面，负重面长度是对车辆而言，直货车用来负担货物重量、直接与货物支重面接触的那部分车底板的长度。在装载集重货物时，要符合"货物装载加固技术条件"的有关规定。

原木、棉花、粮食及其他包装物品等不按规定码放，加固的绳索、铁丝、支柱等不合规格或捆绑不牢等情况，在运行中可能禁不住紧急制动及通过道岔、曲线、坡道而产生的纵向力和横向力作用，而使货物窜动、倒塌、坠落等，影响正常运行，危及列车运行安全。金属器材材质坚硬、重量大、表面平滑，运输过程中极易移位，造成车辆燃轴、脱轨或颠覆，酿成重大事故，因此要特别注意金属器材的装载加固问题，把金属器材的防滑、装载、加固工作做好。

当使用敞车装载金属器材时，应遵循以下几个原则：

（1）货物的重量应合理分布在车底板上，不偏重；

（2）尽量在两台车上部，以心盘为中心均衡码放；

（3）对照最大允许载重表，防止集重；

（4）同一规格的型钢、管子，每垛应码放整齐，各种型钢、管子混装一车时，应将重的装在下面，轻的装在上面，长的装在两侧，短的装在中间。

（5）铁底板车应采取防滑衬垫。

6. 未关闭侧开门、底开门的，以及平车未关闭端、侧板的（有特殊规定者除外）

未关端、侧板或侧开门的车辆，在运行途中侧板、侧开门可能掀动或摇晃，甚至超出机车车辆限界，威胁线路附近设备和人员的安全。一旦端、侧板或侧门脱落，还可能导致列车脱轨甚至颠覆，底开门不关闭，容易刮坏道岔或脱落。每一底开门有两个扣铁，如只关闭一个，经过震动底开门仍可能开放，使货物散落而引起车辆脱轨。

7. 由于装载的货物需停止自动制动机的作用，而未停止的

根据装载的货物性质（易燃、易爆）的要求关闭自动制动机，是防止列车制动时，车辆踏面与闸瓦摩擦发热，产生高温或迸发火星。特别是长大下坡道上，制动时间过长，闸瓦处于高温状态，如不停止自动制动机，对装有爆炸品或易燃货物的车辆有可能引爆或引燃，所以必须停止自动制动机的作用。

8. 企业自备机车、车辆、自轮运转特种设备和城市轨道车辆、进出口机车车辆过轨时，未经铁路机车车辆人员检查确认的

厂矿企业自备机车车辆的技术标准，是由各企业根据本单位的作业特点而制定的标准，其维修、养护皆不如铁路严格。所以企业自备车过轨编入铁路列车运行时，须经铁路机车车辆部门鉴定，按铁路标准加以检查确认，才能保证安全。

9. 缺少车门的（检修回送车除外）

缺少车门，装载的货物就容易窜出、坠落或丢失，不能保证货物的完整和列车运行的安全。

10. 超过定期检修期限的客车车辆（经车辆部门鉴定的回送客车除外）

超过定期检修期限的客车车辆（经车辆部门鉴定的回送客车除外）禁止编入旅客列车。

第三节　货物列车中车辆的编挂

一、装载危险、易燃普通货物车辆编入列车的隔离

危险货物指具有燃烧、爆炸、腐蚀、毒害、放射线等性质，而且在运输过程中发生意外，能引起人身伤亡、财产受到毁损的物资。易燃普通货物指遇明火或受高温容易引起燃烧和造成火灾的货物。易燃普通货物品名见表1.4。

表1.4　易燃普通货物品名表

顺号	品　　名
1	危险货物《品名表》规定之外的籽棉，棉花（皮棉），木棉，黄棉花，废棉，飞花，破籽花
2	危险货物《品名表》规定之外的各种麻类和麻屑
3	麻袋（包括废、破麻袋），各种破布，碎布，线屑，乱线，化学纤维
4	牧草，谷草，油草，蒲草，羊草，芦苇，荻苇，玉米棒（去掉玉米的），玉蜀黍秸，豆秸，秫秸，麦秸，蒲叶，烟秸，甘蔗渣，蒲棒，薄棒绒，芦杆，亚麻草，烤烟叶，晒烟叶，棕叶以及其他草秸类
5	葵扇（芭蕉扇），蒲扇，草扇，棕扇，草帽辫，草席，草帘，草包，草袋，蒲包，草绳，芦席，芦苇帘子，笤帚以及其他芦苇、草秸的制品
6	干树皮，干树枝，干树条，树枝（经脱叶加工），带叶的竹枝，薪柴（劈柴除外），松明子，腐朽木材（喷涂化学防火涂料的除外）
7	刨花，木屑，锯末
8	纸屑，废纸，纸浆，柏油纸，油毡纸
9	炭黑，煤粉
10	粮谷壳，花生壳，笋壳
11	羊毛，驼毛，马毛，羽毛，猪鬃以及其他禽兽毛绒
12	麻黄，甘草

注：1. 用敞、平、砂石车装运易燃普通货物时，应用蓬布苫盖严密，在调车或编入列车时，应进行隔离。但对干树皮、干树枝、干树条和带叶的竹枝，由于干湿程度、带叶多少不同，应否苫盖蓬布由发站根据气温和运输距离在确保运输安全的原则下负责确定。

　　2. 腐朽木材喷防火涂料或采取其他防火措施后，可不苫盖蓬布。

　　3. 本表未列的品名是否也属于易燃普通货物由发站报铁路局确定。

　　4. 以易燃材料作包装、捆扎、填塞物，以竹席、芦席、棉被等苫盖的非易燃货物，以及用木箱、木桶、铁桶包装的易燃普通货物，均按普通货物运输。以敞车装运时，是否应苫盖蓬布由托运人根据货物的运输安全情况负责确定，并在运单托运人记事栏内注明。

　　装载危险、易燃等货物的车辆编入列车的隔离限制，按《铁路车辆编组隔离表》（见表1.5）执行。编挂超限货物车辆或特种车辆时，按国家及铁路总公司规定或临时指示办理。

表1.5　铁路车辆编组隔离表

货物种类（品名编号）	隔离标记	距牵引的内燃机车、电力机车、推进运行或后部补机及使用火炉的车辆	距乘坐旅客车辆	距装载雷管及导爆索（11001、11002、11007、11008）的车辆 △	距装载雷管以外及导爆品、爆炸品的车辆 △	距装载易燃货物的敞车、平车	距装载出车易燃货物的载物车辆	备注
气体（含空罐车） 易燃气体	△	4	4	4	4	2	2	运输气体类危险货重，空罐车装载危险货重超过3组。每组间的隔离同的隔离车辆可不得少于10辆。
非易燃无毒气体								
毒性气体								
一级易燃液体	△	2	3	3	4	2	2	运输原油时，与机车及使用火炉的车辆可不隔离。运输硝酸铵时，与机车及使用火炉的车辆隔离不少于4辆。
一级易燃固体								
一级易于自燃的物质								
一级氧化性物质								
有机过氧化物（剧毒品）								
一级毒性物质（剧毒品）								
一级酸性腐蚀性物质								
一级碱性腐蚀性物质								
一级其他腐蚀性物质								
放射性物质（物品） 七 一级（矿石、矿砂除外）	△	2	4	×	×	2	1	×标记表示不能编入同一列车。
〇 二级	△	4	4	4	4	4	2	一级与二级编入同一列车时，相互隔离2辆以上，二级与三级编入同一列车时相互隔离2辆以上，严禁明火靠近。
七 三级	△	4	4	4	4	4	2	
散车、平车装载的易燃普通货物及散装表车辆装载的散装货物堆填	△	2	2	2	2	2	2	装载未涂防火剂的易燃抗木材的车辆，运行在规定的区段和车节须与引机车隔离10辆，如隔离有困难时，各铁路局协商规定隔离办法。
雷管及导爆索（11001、11002、11007、11008）	△	4	4	4	4	2	2	
爆炸品 除雷管及导爆索以外的爆炸品	⊗	4	4	4	4	2	2	

注：1. 小运转列车及调车隔离车隔离规定，由铁路局自行制定。
2. 有⊗标记的车辆与装载雷管的车辆运输时接时接有关规定办理。
3. 空罐车可不隔离（气体类危险货物除外）。

隔离的作用，一是使易燃、易爆物品与火源隔离；二是万一发生意外时，能尽量减少或避免扩大损失，如爆炸品与机车、搭乘旅客的车辆实行隔离，爆炸品与放射性物品不准编入同一列车等。小运转列车的机车及调车机车均装有双层火星网，其运行途程较短，加之各路局条件差异很大，所以，在保证安全的前提下，小运转及调车作业隔离由铁路局规定。

为防止装载蜜蜂的车辆在列车中挂运位置失当造成蜜蜂死亡，装蜜蜂的车辆不得与整车装运的敌敌畏、1065、1059 等农药车（即标有 ⚠ 的车）编挂在同一列车内。如因车流不足、分别挂运有困难时，在本次列车运行全程内不发生列车折角转向的条件下，可编入同一列车内，但应将蜜蜂车挂在农药车前部，并隔离四辆车以上。蜜蜂车与生石灰车编在同一列车内时至少应隔离两辆车。

对装载散装石灰、粉末沥青及恶臭货物（如氨水、碳氨、六六六、粪干、兽骨、湿的毛皮等）的敞、平车辆编入列车时，其具体编挂位置由列车调度员指定。

二、特殊车辆编挂的要求

1. 铁路救援起重机

因铁路救援起重机不起制动作用，车钩无缓冲装置，而且重心高、起重臂又有横向摆动，走行部分也不如货车，因此，回送时一律挂于列车中部或后部，以减少对列车运行的影响。

铁路救援起重机回送前，回送单位应做好技术检查和整备工作。路外单位托运起重机前，应由铁路部门鉴定，无技术鉴定书时不能办理托运。考虑到铁路救援起重机自重大、制动快，规定挂于列车后部以减轻列车制动时产生的纵向冲动。考虑到铁路救援起重机重心偏高、起重臂的横向摆动大和走行部分的性能限制等因素，规定了不同的回送限制速度，《技规》未明确规定回送限制速度的按设计文件要求速度回送。

铁路救援起重机的回送限制速度见表 1.6，表 1.6 以外的按设计文件要求速度回送。

表 1.6　铁路救援起重机回送限制速度表

型　　号	名　　称	回送速度（km/h）
NS2000	200 t 伸缩臂式铁路救援起重机	120
	吊臂平车	120
NS1600	160 t 伸缩臂式铁路救援起重机（1 680 t·m）	120
	吊臂平车	120
NS1600	160 t 伸缩臂式铁路救援起重机（1 600 t·m）	120
	吊臂平车	120
NS1601	160 t 伸缩臂式铁路救援起重机	120
	吊臂平车	120
NS1602	160 t 伸缩臂式铁路救援起重机	120
	吊臂平车	120
N1601	160 t 固定臂式铁路救援起重机	85
	吊臂平车	85

续表 1.6

型　　号	名　　称	回送速度（km/h）
N1602	160 t固定臂式铁路救援起重机	85
	吊臂平车	85
NS1601G	160 t伸缩臂式铁路救援起重机	120
	吊臂平车	120
NS1602G	160 t伸缩臂式铁路救援起重机	120
	吊臂平车	120
NS1251	125 t伸缩臂式铁路救援起重机	120
	吊臂平车	120
NS1252	125 t伸缩臂式铁路救援起重机	120
	吊臂平车	120
NS1001	100 t伸缩臂式铁路救援起重机	80
	吊臂平车	80
N1002	100 t固定臂式铁路救援起重机	80
	吊臂平车	80
NS100G	100 t伸缩臂式铁路救援起重机	80
	吊臂平车	80

2. 机械冷藏车组

机械冷藏车组因有各种机械设备和管道，牢固性差，应尽量挂于列车中部或后部。

3. 尾部故障车的编挂

为使中间站甩下的故障车能挂运到技术站，得到及时修复，列车后部准许加挂不适于连挂在列车中部、但走行部良好的车辆（指经车辆部门检查确定的牵引梁、中梁裂损，制动主管通风不良，一端车钩不能使用等故障车辆），经列车调度员准许，可挂于列车尾部。为保证安全，以一辆为限。如该车自动制动机不起作用，应由车辆人员采取不致脱钩的安全措施。

其他特种车辆，如装载超限货物的车辆、大型的凹型和落下孔车、空客车及特种用途车（发电车、无线电车、轨道检查车、电务试验车、通信车）等，因挂运时任务不同，所以编挂的要求也不尽相同。遇有挂运时，应按国家铁路局货物运输规章规定或临时指示办理。

三、列尾装置的使用

列车尾部安全防护装置（简称列尾装置）是用于货物列车的重要行车安全设备。列尾装置由固定在机车司机室的司机控制盒和安装在列车尾部的列尾主机组成。

（一）列尾装置的作用

（1）使机车乘务员准确掌握列车尾部风压，确认列车完整。

（2）当列车主管因泄漏等原因风压不足时，可直接向司机报警。

（3）当车辆折角塞门被意外关闭时，司机可直接操纵列尾装置，使其强行排风，使列车制动停车。

（4）起到列车标志的作用，为接发列车人员确认列车完整提供依据。

（二）列尾装置的使用

动车组以外的旅客列车应安装列尾装置。特殊情况下，无法安装或使用列尾装置时，应制定具体办法。

为保证货物列车的运行安全，半自动闭塞区段货物列车尾部须挂列尾装置。其他区段货物列车尾部宜挂列尾装置。货物列车尾部未挂列尾装置时应以吊起尾部车辆软管代替尾部标志。

列尾主机使用前由列尾检测人员、司机控制盒在机车出库前由电务部门按列车无线调度通信设备的有关规定进行检测，合格后方可投入使用。

旅客列车列尾装置尾部主机的安装与摘解、风管及电源的连结与摘解，由车辆部门负责。

货物列车列尾装置尾部主机的安装与摘解，由车务人员负责。软管连结，有列检作业的列车，由列检人员负责；无列检作业的列车，由车务人员负责。特殊情况由铁路局规定。

路用列车尾部可不挂列尾装置。

列车在编组站、区段站始发前，由机务值班人员分阶段向车站值班员提供担当始发列车牵引任务的机车号码，并由车站值班员在规定的时间内将出发本务机机车号码通知列尾作业人员，列尾作业人员将机车号码及其他有关信息填记于固定表册，将机车号码置入列尾主机。再次确认无误后，将列尾主机安装锁闭在待发列车尾部最后一辆车后端车钩。在其他站，机车乘务员根据车站值班员通知的列尾主机号码对其进行确认。

本务机车连挂车列后，机车乘务员必须通过司机控制盒查询本机车号是否已正确输入列尾主机。如发现错误，由有关人员重新检查处理。列车出发前，机车乘务员要通过列尾装置确认列车制动主管贯通和风压是否达到规定标准。发现异常应立即通知有关人员处理。列车在运行中，司机应按"机车操作规程"的要求查询列车尾部风压。发现因折角塞门关闭引起制动不正常时，机车乘务员除采取机车制动外，还要按司机控制盒操作列尾主机排风，并报告列车调度员，按调度通知或命令进行处理。

列车在运行中发现列尾装置故障不能使用或丢失时，要及时报告列车调度员，并在最近前方站停车处理。车站助理值班员接发列车时要同时注意列尾主机状况，若发现列尾主机有异状，可能危及行车安全时，要及时通知机车乘务员并进行处理。列尾装置正常使用时，机车乘务员负责确认列车的完整。

在中间站保留、终到的列车，车站值班员要指派人员及时从列车尾部摘下列尾主机，断开电源，妥善保管，并做好继续使用的准备工作，或按规定回送指定站。不更换本务机车的中转列车，如不更换列尾主机，继乘的机车乘务员须对列尾主机进行确认。

第四节　旅客列车中车辆的编挂

旅客列车应按旅客车编组顺序表规定的车种、辆数、编挂位置编组。为了保证旅客列车的安全，规定列车最后一辆的后端应有风表和紧急制动阀。

一、旅客列车、回送客车底不准编挂货车

旅客列车、回送客车底运行速度高，安全条件要求比较严，牵引重量比较小，且货车每辆闸瓦压力比客车小，会使全列车制动力减弱，降低规定的运行速度，在列车制动时还会引起冲动。同时，部分动车组以外的旅客列车还要在高速铁路运行，安全要求高，所以规定所有旅客列车均不准编挂货车。但编入的客车车辆最高运行速度等级必须符合该列车规定的速度要求。

二、客车编入货物列车回送的要求

（1）因客车与货车车辆构造、车钩强度不同，客车编入货物列车回送时，客车编挂辆数不得超过 20 辆，应挂于列车中部或后部。

（2）装有密接式车钩的客车原则上应附挂旅客列车回送。需附挂货物列车回送时，不得超过 10 辆，其后编挂的其他车辆不得超过 1 辆。允许密接式车钩的客车后编挂 1 辆其他车辆，主要考虑便于尾部加挂货车列尾装置等因素。

（3）客车与平车、平集共用车以外的货车连挂时，不得与货车有人力制动机端连挂；客车与平车、平集共用车人力制动机端连挂时，平车、平集共用车的人力制动机不得使用，应处于非工作状态。这是因为客车与货车有人力制动机的一端连挂时，可能损坏客车风挡或货车闸台（平车、平集共用车的人力制动机处于非工作状态时除外）。

（4）机械冷藏车组有各种机械设备和管道，发生冲动时易损坏，应尽量挂于货物列车中部或后部。

（5）军用及其他对编挂位置有特殊要求的客车按有关规定办理。

三、旅客列车中隔离车的编挂

为保证旅客人身和行车安全，同时，尽量避免闲杂人员接近牵引的机车，旅客列车中乘坐旅客的车辆应以未搭乘旅客的车辆与牵引的机车隔离。目前对旅客列车隔离的编挂规定如下：

（1）动车组以外旅客列车按旅客列车编组表编组，机车后第一位编挂一辆未搭乘旅客的车辆作为隔离车。行李车、邮政车、发电车等非乘坐旅客的车辆，应分别挂于机后第一位和列车尾部，起隔离作用。

（2）在装设集中联锁的区段，并设有列车运行监控装置时，旅客列车可不挂隔离车。

（3）如隔离车在途中发生故障摘下时，可无隔离车继续运行。

（4）局管内旅客列车经铁路局局长批准，可不隔离。

单列动车组编组固定无隔离车，运用状态下不得拆解。目前我国动车组每列为 8 辆，CRH$_1$ 为 5 动 3 拖，CRH$_2$ 为 4 动 4 拖。CRH$_3$ 为 4 动 4 拖，CRH$_5$ 为 5 动 3 拖，两组同型号动车组可重联运行。动车组设备故障不能继续运行时，不得拆解、甩车。

动车组禁止加挂各型机车车辆（无动力调车时的调车机车、救援机车、无动力回送时的本务机车及回送过渡车除外）；动车组禁止编入其他列车。

超过检修期限的动车组禁止上线运行（经车辆部门鉴定的回送动车组除外）。

四、动车组回送

（1）动车组回送按旅客列车办理，原则上采用自走行方式。无动力回送时可根据回送技术条件加挂回送过渡车，使用客运机车牵引，回送过渡车须挂于机后第一位。8 辆编组的动车组可两列重联回送。未装备列车运行监控装置的动车组需在 CTCS-0/1 级区段回送时，应采取无动力回送方式。

（2）动车组回送运行时，须安排动车组司机及随车机械师值乘。自走行回送时，非担当区段应指派带道人员。

（3）动车组回送不进行客列检作业。

（4）动车组安装过渡车钩回送时，按规定限速运行，尽可能避免实施紧急制动。发生紧急制动后，本务司机必须通知随车机械师，经随车机械师检查过渡车钩状态良好后方可继续运行。

（5）动车组回送时，有关动车段（所）造修单位应提出限速、回送方式（有、无动力）、可否折角运行等注意事项。

第五节　列车中关门车的编挂

关门车是指关闭制动支管上的截断塞门，只能使制动主管通风而自动制动机不起作用的车辆。

确认关门车时，可根据制动支管上截断塞门手把位置来进行判断：手把与支管相互垂直时，是关门车；手把与支管平行时，不是关门车。在截断塞门无把手时，则可根据截断塞门螺帽上的划槽来判断：划槽与支管平行时，不是关门车。

一、货物列车中关门车的编挂

为了保证列车在施行制动时有足够的闸瓦压力，以确保列车在规定的制动距离内停车，列车中机车、车辆的自动制动机均应加入全列车的制动系统。编挂关门车时，应满足货物列车每百吨列车重量换算闸瓦压力及下坡道坡度限制。列车牵引试验证明，在制动主管压力达到规定标准时，列车在限制下坡道上遇有紧急情况，施行紧急制动能在规定的距离内停车。

1. 关门车数量的限制

货物列车中因装载的货物规定需停止制动作用的车辆，自动制动机临时发生故障的车辆准许关闭截断塞门。但列检作业场所在站编组始发的列车中，不得有制动故障关门车。编入列车的关门车数不超过现车总数的 6%（尾数不足一辆按四舍五入计算）时，可不计算每百吨列车重量的闸瓦压力，不填发制动效能证明书；列车中关门车数超过现车总数的 6%时，应按规定计算闸瓦压力，达到上述规定时，填发制动效能证明书交与司机。制动效能证明书，在有列检所的车站，由列检负责计算和填写；无列检所时，由铁路局指定部门计算并填写。当每百吨列车重量的闸瓦压力低于《技规》规定的数值时，将结果报告列车调度员（列检可通知车站转告），由列车调度员发布列车限速运行的调度命令。

2. 关门车位置的限制

为保证列车在紧急制动时能确保列车及时紧急制动，对关门车编挂位置也有严格限制。

（1）关门车不得挂于机车后部三辆车之内。机后三辆车之内编挂关门车，虽然能通风，但进行紧急制动时，由于风管路长不能产生或延迟紧急制动作用，从而延长制动距离，容易发生危险。

（2）列车中关门车连续连挂不得超过两辆。因为当列车制动时，在列车尚未全部停轮前，各车辆产生瞬间冲动、冲挤现象，关门车本身不制动，冲挤比较激烈，如关门车连续连挂过多，就可能因制动冲挤而造成脱轨、断钩、脱钩等事故，故在列车中以连续连挂两辆关门车辆为限。

（3）列车最后一辆不能为关门车，防止因车钩分离而造成车辆溜逸，产生严重后果。

（4）列车最后第二、三辆不得连续关门。当尾部的车辆制动时，若第二、三辆连续关门，就可能因冲挤而出现尾部车辆脱轨。若列车最后加挂一辆没有制动作用的故障车时，列车最后第二、三辆又连续关门，这样就形成列车尾部 4 辆车中，只有 1 辆货车有制动作用，一旦在关门车处发生车钩分离，即不能保证尾部车辆自动停车，可能造成车辆溜走。

二、旅客列车、特快货物班列中临时关门车辆的处理

旅客列车、特快货物班列不准编挂关门车。在运行途中（包括在站折返）如遇自动制动机临时故障，在停车时间内不能修复时，准许关闭一辆，但列车最后一辆不得为关门车。

三、列车的自动制动机闸瓦压力计算及编入列车的要求

为了便于计算编成列车的自动制动机闸瓦压力是否满足客、货列车每百吨重量不少于规定闸瓦压力的要求，通常采用计算摩擦系数，并将实际算出的车辆（机车）每辆（台）闸瓦压力规定公式换算为每辆（台）计算闸瓦压力，称为换算闸瓦压力。

1. 闸瓦压力

机车车辆施行制动时，闸瓦抱住车轮起制动作用的压力称为闸瓦压力，以 kN 为单位，用以表示列车的制动力。

使用自动制动机的目的在于保证列车在施行制动时有足够的闸瓦压力，以确保列车在规定的制动距离内停车。列车在任何线路上的紧急制动距离限值见表 1.7。

表 1.7　列车在任何线路上的紧急制动距离限值

列车类型	最高运行速度（km/h）	紧急制动距离限值（m）
旅客列车（动车组列车除外）	120	800
	140	1 100
	160	1 400
特快货物班列	160	1 400
快速货物班列	120	1 100
货物列车（货车轴重＜25 t，快速货物班列除外）	90	800
	120	1 400
货物列车（货车轴重≥25 t）	100	1 400

2. 列车闸瓦压力的计算办法

（1）旅客列车每百吨列车重量的闸瓦压力按下列公式计算：

$$列车每百吨闸瓦压力 = \frac{编成列车的实际闸瓦压力总值 + 机车闸瓦压力}{列车重量 + 机车重量} \times 100（kN）$$

（2）货物列车每百吨列车重量的闸瓦压力按下列公式计算：

$$列车每百吨闸瓦压力 = \frac{编成列车的实际闸瓦压力总值}{列车重量} \times 100（kN）$$

（3）闸瓦压力的计算，在有列检所的车站，由列检负责计算；无列检所时，按铁路局规定。

（4）机车计算重量及每台换算闸瓦压力按《技规》（普速铁路部分）第 19 表确定，车辆

换算闸瓦压力按《技规》（普速铁路部分）第 20 表确定。

《技规》（普速铁路部分）规定自动制动机闸瓦压力计算及编入列车时，要求列车的闸瓦压力按《技规》第 21 表规定计算。

每百吨列车重量的自动制动机闸瓦压力，应符合该区段列车速度及限制下坡道的要求。货物列车限速按《技规》（普速铁路部分）第 22、23 表确定，旅客列车限速按《技规》（普速铁路部分）第 24、25、26 表确定。

列车制动限速受每百吨列车重量换算闸瓦压力及下坡道坡度限制。计算制动距离 800 m 的普通货物列车（计长 88.0 及以下列车）按第 21 表规定；计算制动距离 1 400 m 的 120 km/h 货物列车按第 22 表规定；快速货物班列按第 23 表规定。普通旅客列车按第 24 表规定；140 km/h 旅客列车按第 25 表规定；160 km/h 旅客列车按第 26 表规定。列车下坡道制动限速随下坡道千分数的增加而递减，坡道每增加 1‰，限速减少 1 km/h 左右。

计算闸瓦压力时，货物列车不包括机车的重量和闸瓦压力；旅客列车包括机车的、重量和闸瓦压力。这是因为货物列车的机车其本身所具有的闸瓦压力与货车的闸瓦压力接近，而机车的重量占列车总重的比例又不大，为简化计算，机车、煤水车的重量及其闸瓦压力不再计算在内。而旅客列车机车重量占列车总重比重较大，其单位重量的闸瓦压力又比客车小，需匀出部分客车的制动力，补充机车制动力的不足，因此，旅客列车包括机车的重量和闸瓦压力来进行计算。

【例 1-1】 13005 次货物列车，编组重车 55 辆，制动主管压力为 500 KPa，其中，标记载重 60 t 敞车 20 辆，内有关门车 2 辆；标记载重 60 t 平车 15 辆，内有关门车 1 辆；标记载重 60 t 棚车 20 辆，内有关门车 1 辆。求该列车每百吨的闸瓦压力。

解：（1）根据《技规》第 16 表，查出每辆车自重，计算列车重量；

① 标记载重 60 t 敞车的自重为 21 t，则每辆重车为 21 + 60 = 81（t）；
　20 辆总重：81×20 = 1 620（t）
② 标记载重 60 吨平车的自重为 20 t，则每辆重车为 20 + 60 = 80（t）；
　15 辆总重：80×15 = 1 200（t）
③ 标记载重 60 吨棚车的自重为 23 t，则每辆重车为 23 + 60 = 83（t）；
　15 辆总重：83×20 = 1 660（t）
④ 则该列车总重：1 620 + 1 200 + 1 660 = 4 480（t）

（2）列车实际闸瓦压力（按高磷铸铁闸瓦换算闸瓦压力），根据《技规》第 19 表计算；
标记载重 60 t 重车的闸瓦压力为：300×（20 + 15 + 20 - 2 - 1 - 1）= 15 300（kN）

（3）列车每百吨闸瓦压力：

$$列车每百吨闸瓦压力 = \frac{编成列车的实际闸瓦压力总值}{列车重量}×100$$

$$= \frac{15\ 300}{4\ 480}×100 = 341.5\ kN > 180×170\%\ kN$$

答：该列车每百吨闸瓦压力为 341.5 kN。

3. 空重调整阀的调整

空重车自动调整装置的空重位压力比为 1：2.5；对于装有空重车手动调整装置的车辆，当车辆总重（自重＋载重）达到 40 t 时，按重车位调整，以加大制动力；空车或车辆总重（自重＋载重）未达到 40 t 时按空车位调整，以减低制动力。

有列检作业的车站，由列检负责调整；无列检作业的车站，对单机附挂车辆，由车站发车人员调整。

第六节　列车中机车的编挂及单机挂车

一、工作机车的编挂

担任牵引列车的机车为工作机车，包括本务机车及补助机车（简称"补机"）。

为保证工作机车的司机瞭望信号、各种标志和线路状况，保证行车安全，充分发挥机车最大牵引效能，工作机车应挂于列车头部并正向运行。

牵引小运转、路用、救援列车的机车，行程短速度低，可逆向运行。某些区段列车，若其始发、终到站无转向设备，也可逆向运行。

为增加全区段牵引重量，提高区段通过能力或适应全线牵引定数，可使用双机或多机牵引列车。双机牵引时，两台机车应重联挂于列车头部，由第一位机车担当本务机车职务，第二位机车按第一位机车要求进行操纵。

为不减少全区段的牵引重量，列车在困难区间可加挂补机，补机原则上应挂于本务机车的前位或次位，便于联系、配合，防止发生挤坏车辆或拉断车钩。对于在中间站摘下的补机，为便于作业，补机最好挂于本务机前面，此时由补机执行本务机车的职务。在特殊区段，如受桥梁负重的影响等或补机需中途返回时，经铁路局批准补机可挂于列车后部，但需接通风管。若后部补机中途折返时不接风管，避免区间行车摘管造成列车起动困难或降低通过能力，由铁路局制定保证安全的办法。

二、回送机车的编挂

因配属、局间调拨或入厂、段检修，以及检修完毕后返回本段等原因，产生了机车回送问题。

铁路局所属的机车跨牵引区段回送时，原则上应有动力附挂货物列车（电力机车经非电气化区段回送时除外）在所担当的区段外单机运行时，应派带道人员添乘。杂小型及状态不良的可随货物列车无动力回送。

回送机车应挂于本务机车次位，挂有重联机车时为重联机车次位。

回送机车在所担当的区段外单机运行时，由于乘务员不熟悉线路及设备情况，应派线路指导人员添乘带道。

旅客列车遇特殊情况须附挂跨铁路局的回送机车时，按铁路总公司命令办理。

回送铁路救援起重机，应挂于列车后部。

20‰及其以上坡道的区段禁止办理机车专列回送。

回送机车时还需考虑桥梁承载能力的限制及有火机车与装载易燃、危险货物车辆的隔离，须隔离回送时，其连挂台数、隔离限制由铁路局规定。

三、单机挂车

单机是指未挂车辆在区间线路上运行的机车。由于上下行方向列车数量不同等原因，会产生单机运行。掌握机车运用的调度人员为利用机车动力，准许顺路机车连挂车辆，即单机挂车。

单机挂车要考虑单机运转时分，燃料消耗及机车运用情况等因素，在区段内作业不宜过多。在机车牵引区段的线路坡度不超过12‰时，以10辆为限；超过12‰的区段，由铁路局规定。

单机挂车应按下列规定办理：

（1）所挂车辆的自动制动机作用必须良好，发车前列检（无列检时由车站发车人员）按规定进行制动试验。

（2）连挂前按规定彻底检查货物装载状态，并将编组顺序表和货运单据交与司机。

（3）在区间被迫停车后的防护工作由机车乘务组负责，开车前应确认附挂辆数和制动主管贯通状态是否良好。

（4）列车调度员应严格掌握时间，不得影响机车固定交路和乘务员劳动时间。

（5）不准挂装载爆炸品、超限货物的车辆。

（6）单机挂车时，可不挂列尾装置。

第七节　列车中的车辆检查及修理

技术作业站在列车出发前要进行车辆检查与修理、自动制动机试验、货物装载检查等项作业，以保证列车运行的安全。

一、车辆的检查与修理

为使车辆经常保持良好的技术状态，必须对列车中的车辆进行技术检查和维修保养工作，为更好地适应铁路运输事业的发展，满足铁路货车技术设备不断更新的需要，进一步提高铁路货物列车的质量状况，确保铁路运输安全、畅通，铁道部重新制定了《铁路货车运用维修规程》，已自1995年10月1日起开始实施。

（一）列检所的设置及作业

列检所按作业范围分为主要列检所和区段列检所。

（1）主要列检所设在列车编组作业量较多或大量装卸货物的车站，按铁道部规定的检查范围和维修质量标准认真检查、维修，保证列车各部位状态能安全运行到达下一个负责检查该部位的列检所。

（2）区段列检所设在列车编组作业量较少或中转列车较多的车站，对到达解体及所在站编组始发的列车和加挂的车辆，按铁道部规定的检查范围和维修质量标准认真检查、维修，保证列车各部位状态能安全运行到达下一个负责检查该部位的列检所。

对分散的装卸点（包括对翻车机翻卸前后的车辆及出入解冻库的车辆进行技术检查的装卸检修点）可由列检所或装卸检修所派驻检车人员负责车辆的技术交接和维修工作。

（3）在接近长大下坡道的车站设制动检修所。

（4）在主要或区段列检所之间的适当地点，须设红外线轴温探测站、处理站。在干线上要建立红外线轴温检测网（布点距离 300 km 左右）。

（二）动车组以外的列车自动制动机的试验规定

1．全部试验

（1）货车列检对解体列车到达后施行一次到达全部试验，对编组列车始发前施行一次始发全部试验，对有调车作业中转列车到达后首先施行到达全部试验，发车前只施行始发全部试验中的漏泄试验；

（2）货车特级列检和安全保证距离在 500 km 左右的一级列检对无调车作业中转列车始发前施行一次始发全部试验；

（3）无列检作业场车站始发的列车，在途经第一个列检作业场进行无调车中转技术检查作业时施行一次始发全部试验；

（4）列检作业场对运行途中自动制动机发生故障的到达列车；

（5）旅客列车库内检修作业；

（6）在有客列检作业的车站折返的旅客列车。

站内设有试风装置时，应使用列车试验器试验，连挂机车后只做简略试验。对装有空气弹簧等装置的旅客列车应同时检查辅助用风系统的泄漏。

2．简略试验

（1）货车列检对始发列车、中转作业列车连挂机车后；

（2）客列检作业后和旅客列车始发前；

（3）更换机车或更换乘务组时；

（4）无列检作业的始发列车发车前；

（5）列车软管有分离情况时；

（6）列车停留超过 20 min 时；

（7）列车摘挂补机，或第一机车的自动制动机损坏交由第二机车操纵时；

（8）机车改变司机室操纵时；

（9）单机附挂车辆时；

（10）列车进行摘、挂作业开车前。

简略试验：有列检作业的由列检人员负责，无列检作业的由车辆乘务员负责，挂有列尾装置的列车由司机负责（挂有列尾装置的旅客列车，始发前、摘挂作业开车前及在途中换挂机车站、客列检作业站，有列检作业的由列检人员负责，无列检作业的由车辆乘务员负责）。

3. 持续一定时间的全部试验

有列检作业场的车站发出的货物列车运行前方途经长大下坡道区间的，在始发、中转作业时应进行持续一定时间的全部试验，列检应填发制动效能证明书交给司机；在有列检作业场车站至长大下坡道区间间的各站始发或进行摘挂作业的列车，是否进行持续一定时间的全部试验并填发制动效能证明书交给司机，由铁路局规定。具体试验和凉闸的地点、办法，由铁路局规定。

旅客列车出库前应进行持续一定时间的全部试验，在接近长大下坡道区间的车站，是否进行持续一定时间的全部试验，由铁路局规定。

长大下坡道为：线路坡度超过 6‰，长度为 8 km 及其以上；线路坡度超过 12‰，长度为 5 km 及其以上；线路坡度超过 20‰，长度为 2 km 及其以上。

（三）动车组制动试验规定

（1）动车组在出段（所）前或折返地点停留出发前需要进行全部制动试验，一级检修作业后的动车组在出发前不再进行全部制动试验；

（2）动车组列车在始发前需在操纵端进行简略制动试验；

（3）动车组列车更换动车组司机（同向换乘除外）或操纵端后，需进行简略制动试验；

（4）动车组列车在途中重联或解编后，开车前需在操纵端进行简略制动试验；

（5）动车组列车使用紧急制动停车后，开车前需进行简略制动试验；

（6）动车组在采用机车救援、无动力回送联挂机车或回送过渡车时，按动车组无动力回送作业办法进行制动性能确认。

（四）运用中的车辆的周期检修规定

客车由配属车辆段按规定自行掌握扣修；货车检修周期到期或过期的车辆由列检按规定扣修（包括重车插票）。

为了保证按计划检修车辆，缩短修车时间，加速车辆周转，车站与车辆段双方签订取送车协议书。车站应按协议书的规定，将取送车计划纳入车站日、班计划。车辆段扣修车辆时，应及时办理手续。

车辆段调度员和列检值班员要及时掌握扣车情况，与车站调度员加强联系，紧密配合，做到及时取送检修车。

二、对车辆装载状态的检查

为了在运输过程中保证货物、车辆完整无损和列车运行的安全，对车辆装载状态应做以下检查处理：

（1）编组站、区段站货运检查人员应认真执行区段负责制，按规定检查列车中车辆装载、加固、施封及篷布苫盖状态，以及车辆的门窗关闭情况，发现异状时，应及时处理。对无列检作业的列车，还应检查自动制动机的空重位置，不符合规定时应进行调整。

① 货运员对配装车辆应检查：车体（透光检查）；车门、车窗是否完整、良好；有无扣修通知、色票、货车洗刷回送标签或通行限制，车内是否干净，是否被毒物污染。装载食品、药品、活动物和有押运人乘坐的车辆检查有无恶臭气味。对集装箱要检查箱体、箱号和封印。

② 装车站货运人员应对所装的货物按货车装载和挂运条件进行检查，使其符合货车装载与车辆挂运的要求。

由于在运输过程中，车辆经过多次甩挂、运行震动或因装载不当，会使货物发生移动、滚动、坠落、倒塌、窜出或压坏、撞坏车辆，直接影响行车安全，所以要对货车装载和挂运条件进行检查。

货车施封的目的是根据货物性质为了贯彻负责制而采取的一种手段，把它作为铁路与发、收货人及铁路内部互相交接的依据。如果发现铅封失效、丢失时，应按有关规章规定处理。

用篷布苫盖的货物一般都是怕湿、易燃的。苫盖的篷布是起防水、防火和加固作用的，一旦篷布苫盖不严、脱落或捆绳不牢，易使货物湿损或引起火灾，甚至造成意外行车事故。

车辆的门窗若不关闭，列车在运行中由于震动容易引起车门掀动，如超出机车车辆限界，则会损坏设备和建筑物、危及人身安全；如其坠落，则会引起列车脱轨甚至颠覆事故。所以，卸车站在卸车后应严密关闭车辆门窗。

（2）车号人员应按列车编组顺序表核对现车和货运票据，无误后，按规定与机车乘务员办理交接。

（3）列检人员检查车辆，发现因货物装载超载、偏重、偏载、集重引起技术状态不正常时，应及时通知车站处理；车辆自动制动机的空重位置不符时，应进行调整。

货物在装运过程中，货物装载的位置、重量和加固技术条件是否正确，对车辆的技术状态有直接影响关系。如货物装载偏重、偏载、集重时，都容易将车辆压坏，会造成切轴、中、侧梁裂损、弹簧折损、旁承无间隙、车体倾斜和引起燃轴等事故，因此检查人员检查车辆时，如发现因货物装载所引起的技术状态不正常超过规定限度，应通知车站处理。

思 考 题

1. 编组列车时应符合哪些质量要求？
2. 违反列车编组计划有哪几种情况？在个别情况下，开行违编列车时需具备何种条件？
3. 什么是满轴列车？
4. 什么是超重列车、超长列车和欠轴列车？开行上述列车有何要求？

5. 哪些车辆禁止编入列车？

6. 为什么装载危险、易燃货物车辆编入列车要进行隔离？

7. 关门车编入货物列车时，编挂数量及位置有何限制？

8. 轨道起重机、机械冷藏车组编入列车有何要求？

9. 列尾装置有何作用？

10. 普通旅客列车编组有何要求？动车组编组有何规定？

11. 旅客列车加挂货车有哪些规定？

12. 旅客列车在什么情况下可以出现关门车？有什么要求？

13. 乘坐旅客车辆与牵引机车连挂时有哪些要求？

14. 什么是单机挂车？单机挂车有哪些规定？

第二章　调车工作

第一节　调车工作概述

调车工作是铁路运输生产的重要组成部分，是实现列车编组计划、列车运行图、加速车辆周转、质量良好地完成铁路运输任务的重要一环。

一、调车工作的定义及意义

1. 定　义

除列车在车站到达、出发、通过及在区间内运行外，凡机车车辆进行一切有目的的移动统称为调车。它包括列车的编组、解体、摘挂、转线，车辆的取送、转场、调移，以及机车的转线、出入段等。

2. 意　义

（1）调车工作是技术站的主要生产活动。

编组站和区段站都是铁路线上编、解列车的主要场所，依靠调车工作完成任务。参加调车作业人员众多，业务量越大，调车作业越多，同时，工作条件比较艰苦，是行车工种中作业复杂、技术性较强的一项基础工作，所以调车工作是铁路运输生产过程中的重要组成部分，也是技术站工作组织中最重要的一项工作。

（2）调车工作是完成运输工作各项指标的重要保证。

从整个运输过程来看，车辆在车站的停留时间约占车辆周转时间的70%，而货车在一次周转过程中一般要进行5~6次的调车作业。因而，调车作业质量的好坏、效率的高低、调车安全的程度，对完成车站装卸工作、缩短车辆停留时间、加速车辆周转等各项指标都有很大影响，而且与实现编组计划及列车运行图也有着直接关系。

（3）调车工作是完成铁路客、货运输任务的重要保证。

客运站取送客车底，向装卸地点送取、挑选车辆，选编车组及编组列车都是由调车作业来完成的。

（4）提高调车效率、保证调车安全是加速机车车辆周转、挖潜提效和降低运输成本的重要保证。

调车工作所消耗的物资在整个铁路运输过程的物资消耗中占有很大比重。全路用于调车的机车台数约占全路运用机车的 1/5，专用调车机车的台数与用于旅客列车牵引机车的台数相差无几，有时还有超出。调车有关工种人数占车务系统各工种的比重最大。调车工作所支出的费用约占铁路运营支出的 1/4。虽然由于调车设备的改善、车辆强度的增强和调车人员技术水平的提高，使调车作业事故呈下降趋势，但调车事故总数仍占行车事故总数的 80%左右。因此，改进调车工作组织，严格各项制度，提高调车人员的技术水平，采用先进的调车工具和设备，对提高调车效率、保证调车安全、加速机车车辆周转、扩能挖潜和降低运输成本起着重要的作用。

二、调车工作的分类

调车按其设备不同分为牵出线调车和驼峰调车两种，按其作业目的不同分为：

（1）解体调车：将到达的车列按车组（辆）去向或车种分解到指定的线路内。

（2）编组调车：根据列车编组计划、列车运行图和有关规章制度和特殊要求，将车辆选编成车列或车组。

（3）取送调车：为装卸货物、检修、洗刷消毒车辆等目的，向指定地点送车或取回车辆。

（4）摘挂调车：为列车进行补轴、减轴，换挂车组及车辆甩挂等作业。

（5）其他调车：包括车列转场、对货位、机车转线、机车出入段等。

车站作业性质不同，所完成的调车工作也不一样：编组站主要担当大量的解体和编组调车，中间站一般只进行摘挂和取送调车。

三、对调车作业人员的要求

铁路调车工作人员在运输生产中担负着重要工作，因此，对调车工作人员必须严格要求。

（一）总的要求

铁路调车有关人员必须年满 18 岁，思想品德好，身体健康，并具有担任本职工作的基本知识和技能。

（二）岗位要求

行车有关人员，在任职、提职、改职前，必须按照铁路职业技能培训规范要求，进行拟任岗位资格性培训，并经职业技能鉴定和考试考核，取得相应职业资格证书和岗位培训合格证书后，方可任职。

在任职期间，须按照铁路职业技能培训规范等规定，定期参加岗位适应性培训和业务考试，考试不合格的，不得继续履职。

行车有关人员，在任职前必须经过健康检查，身体条件不符合拟任岗位职务要求的，不得上岗作业。

在任职期间，要定期进行身体检查，身体条件不符合任职岗位要求的，应调整工作岗位。

（三）纪律要求

（1）铁路行车有关人员，接班前须充分休息，严禁饮酒。如有违反，应立即停止其所承担的任务。

（2）铁路各级领导对职工，特别是新职工，应加强安全生产知识和遵守劳动纪律的教育，并有计划地组织好在职人员的日常技术业务学习和脱产轮训工作。凡未经技术业务训练和技术考核即任职使用造成严重不良后果的，要追究领导责任。

（3）铁路职工必须严格遵守和执行本规程的规定，在自己的职务范围内，以对国家和人民极端负责的态度，保证安全生产。铁路各单位对遵守本规程成绩突出者，应予表扬或奖励；对违反者，应视其违反程度和造成事故的性质、情节及后果，给予教育、纪律处分或追究法律责任。

四、调车工作"九固定"

调车作业需由调车机车的机车乘务组及车务系统的多工种共同完成。为了使参加调车作业有关人员在作业中相互配合、协调作业，调车班次和人员必须固定。为使参加作业人员熟悉调车设备及工具的性能、数量及存放地点，便于及时操作和使用，对调车技术设备及工具等必须固定使用人和存放地点，即固定作业区域、线路使用、调车机车、人员、班次、交接班时间、交接班地点、工具数量及其存放地点。

1. 固定作业区域

在配有两台调机及其以上的车站，实行调车机车固定作业区域的制度。这有利于作业人员熟悉本区作业性质和设备情况，掌握作业区调车工作的规律，避免各调车机车作业相互干扰、发生冲撞等事故。

（1）横向划分调车区。

从调车场的中间或指定地点（如灯桥），用垂直线将调车场划分为左右两个调车区。两个调车区之间设不少于 20 m 的安全区。作业时，两端调车机车推送或连挂车辆，不得侵入安全区。越区作业时，须取得对方同意。

（2）纵向划分调车区。

按车流大小和列车编组计划规定组号的多少，以调车线的线束或股道数的多少划分为两个调车区。如某站调车场共有 24 股道，可将 1~12 道划分为第一调车区，13~24 道划分为第二调车区。纵向划区时，在本区管辖的线路上可以进行溜放、推送和连挂作业。越区作业时，应取得对方的同意。

纵向划分调车区便于掌握调车线的使用，避免同一线路两端同时作业而产生的不安全因素。但对于线路少、车流方向多的车站，纵向划区会造成线路不足，增加重复改编作业量。所以，纵向划分调车区适于调车线较多的车站。

横向划分调车区的优缺点与纵向划分调车区相反，适用于调车线较长、数量较少的车站。

2. 固定线路使用

根据车站线路配置及车流情况，固定线路使用可以有效地使用线路，减少重复作业，缩短调车行程，提高调车效率。

3. 固定调车机车

为便于调车工作，要求进行调车作业的机车起、停快，前后瞭望条件好，能顺利通过较小曲线半径，因而，要求调车机车车身短，轴距小，前后均有头灯、木脚踏板、扶手把等。对出入油库线、木材线及危险品仓库线的调车机车，尽可能地使用内燃机车。因此，担当调车作业的机车应固定使用，以便了解机车性能。

4. 固定人员、班次

调车作业由多工种配合进行，包括调车组人员、调车机乘务人员和扳道人员等。由于单位不同、工种不同，他们只有长期在一起工作，才能相互了解、密切配合、协调作业，因此，必须固定作业人员和班次。

5. 固定交接班时间和地点

固定交接班时间和地点可以避免交接班人员相互等待，有利于缩短非生产时间。这里主要指的是调车组和调车机车乘务组的接班时间必须统一，地点必须固定。

6. 固定工具数量和存放地点

配备足够数量和质量良好的调车工具和备品（如铁鞋、叉子等），是做好调车工作的物质保证。固定其数量和存放地点，不仅便于使用和保管，而且当损坏或短少时，也便于及时发现和补充，保证正常的作业需要。

上述这些"固定"要求，现场职工俗称"九固定"。

五、调车工作的领导与指挥

调车工作是一项多工种联合行动的复杂工作，作业场地大，调动的车辆多种多样，作业方法灵活多变，影响调车效率的因素较多。为安全准确、迅速协调地完成调车任务，调车工作必须实行统一领导和单一指挥。

1. 统一领导

统一领导，就是在同一时间内，一个车站或该站一个调车区内只能由车站调度员统一领导全站的调车工作(未设车站调度员的车站由车站值班员)，该调车区的调车区长或驼峰调车区长一人负责领导调车工作。

动车段（所）调车工作的领导及指挥由铁路局规定。

各调车区间相互关联的调车工作，应按车站调度员的指示进行，调车区长不得领导其他场区的作业。车站调度员、调车区长在领导调车工作中，遇有占用正线、到发线和机车走行线以及影响接发车进路的调车作业时，必须与车站值班员联系，并取得同意后方可进行。

占用正线、到发线的调车作业，常与接发列车作业干扰，因联系不彻底或盲目越过警冲标作业就有造成列车冲突的可能。为保证作业安全，除调车领导人外，作业人员也应按《站细》要求做好联系、确认工作，防止列车冲突事故的发生。

在中间站一般不设车站调度员，调车工作由车站值班员统一领导。

2. 单一指挥

单一指挥，就是在同一时间内，一台调车机车的调车作业计划的执行、作业方法的拟定和布置以及调车机车行动的指挥，只能由一个人负责指挥。

（1）配有调车组的车站，调车组均配有调车长，调车作业由调车长指挥。

（2）未配调车组的车站或调车组正在进行其他调车作业，如需利用本务机车进行调车作业时，可由车站值班员或助理值班员担任指挥工作。

（3）遇有特殊情况，上述人员均不能指挥作业时，只准许由经鉴定、考试合格取得调车长资格的胜任人员担当调车指挥工作。

在调车作业中，所有调车有关人员（调车组、扳道组、机车乘务组）都必须服从调车指挥人的指挥。

六、对调车作业人员的要求

车站的调车工作应按车站的技术作业过程及调车作业计划执行。

1. 调车作业人员的职责

（1）及时编组、解体列车，保证按列车运行图的规定时刻发车，不影响接车。

及时编组列车，保证按列车运行图规定时刻发车；及时解体列车，缩短占用到发线的时间，既不影响接车，又给下阶段编组和送车创造有利条件。

（2）及时取送客货作业和检修的车辆。

及时取送车辆，能够缩短车辆在站停留时间和减少非生产时间，有助于加速车辆周转。特别是装卸量较大的车站，更应搞好取送与编解作业的紧密衔接。

（3）充分运用调车机车及一切技术设备，采用先进的工作方法，用最少的时间完成调车任务。

充分运用调车机车及一切技术设备的潜力，发挥人的主观能动性，广泛采用先进方法，做到快编、快解、快送、快取，压缩非生产时间，提高调车效率，以适应日益增长的运输需要。

（4）认真执行作业标准，保证调车有关人员的人身安全及行车安全。

调车作业人员必须对安全生产予以高度重视，在调车作业中要认真遵守规章制度和劳动纪律，加强班组建设，严格岗位负责制，落实调车作业标准，防止一切可能发生的事故，做到安全生产。

2. 调车长的职责

调车长是调车工作的指挥者，对提高调车工作效率、完成调车任务、保证调车安全负责。因此，调车长在作业前，必须亲自并督促组内人员充分做好准备，认真进行检查。

（1）组织调车人员正确、及时地完成调车任务。

调车指挥人应组织调车人员严格按照调车作业计划和调车技术作业过程正确、及时地取送车辆、编组列车，保证列车按运行图规定时刻发车；及时腾空到发线，保证不间断的接车。

"正确"是指按"调车作业通知单"的要求进行作业，做到解散或溜放车辆时不混线、不堵门，尽量缩小车组间的距离；送作业车和检修车时，要对好货位；编组列车时，摘挂车数准确，车辆连挂正确，车下不压铁鞋。"及时"是指按调车作业通知单规定的时刻完成调车作业。

调车作业通知单是组织、完成调车作业的具体行动计划。为正确、及时地完成"调车作业通知单"所规定的任务和要求，调车长每次接受调车作业通知单后，应制定具体的作业方法，如制动员分工、送车地点、溜放方法等，连同注意事项亲自向参加调车作业的有关人员传达清楚。

（2）正确及时地显示信号（发出指令），指挥调车机车的行动。

在调车作业中，调车组、机车乘务组、扳道组、信号员等有关调车人员之间的联系和要求是依靠信号来传递的。调车长用信号旗、灯显示信号，是对参加调车作业人员发出的命令，是安全、迅速地进行调车作业的先决条件，是调车机乘务人员及其他调车人员行动的依据。调车长显示信号时，应做到灯正、圈圆、横平、竖直，显示信号位置适当，显示及时，不错过时机。

调车作业的准备工作是顺利完成调车任务的前提，调车指挥人员必须认真做好这项工作。作业前要核对计划，确认进路，同时派人提前排风、摘管等，还要做到分工明确、任务落实，对薄弱环节和重点事项要采取措施，提醒有关人员注意。

（3）负责调车人员的人身安全和行车安全。

在进行调车作业时，调车长应照顾所有参加调车作业人员的安全。起动车列前，应注意有无人员进入车列作业；在需要上下车地点适当减速；溜放时，准确掌握速度等。调车长要处处以身作则，带头执行规章制度；要加强班组管理，在作业中要严格要求，确保安全。

由车站值班员、助理值班员等人员指挥调车作业时，同样应该按照上述要求进行工作。

第二节　调车作业计划及准备

调车作业计划是调车作业的依据，因此，做好调车作业计划的布置、交接、传达及准备工作，是安全、正确、及时地完成调车任务的重要保证。

一、调车计划的布置、交接及传达

《技规》（普速铁路部分）规定：调车领导人应正确及时地编制、布置调车作业计划。布置调车作业计划时应使用调车作业通知单。

中间站利用本务机车调车时，应使用附有车站示意图的调车作业通知单。

使用无线调车灯显设备的车站，调车作业计划布置方法，由铁路局规定。

列车在到达线路内拉道口、对货位、直接后部摘车、本务机车（包括重联机车、补机）摘挂及转线、企业自备机车进入站内交接线整列取送作业，可不使用调车作业通知单。

自轮运转特种设备调车作业是否需要使用调车作业通知单由铁路局规定。

调车领导人与调车指挥人必须亲自交接计划。由于设备原因，亲自交接计划确有困难以及设有调车作业通知单传输装置的车站，交接办法在《站细》内规定。

调车指挥人应根据调车作业计划制定具体作业方法，连同注意事项亲自向司机交递和传达，对其他有关人员应亲自或指派连结员进行传达。具体传达办法，在《站细》内规定。

1. 调车计划的布置

调车领导人应根据阶段计划的要求、现在车分布和列车预确报等情况，正确及时编制调车作业计划，填写调车作业通知单，并应注明完成每项任务的时间和安全注意事项。当一批作业不超过三钩时，允许以口头方式布置（中间站利用本务机车调车除外），但有关人员必须进行复诵。

2. 调车计划的交接

为保证调车作业计划的正确执行，使调车指挥人彻底了解计划的要求，调车领导人与调车指挥人必须亲自交接计划。因设备原因亲自交接计划确有困难时，以及设有调车作业通知单传输装置的车站，交接办法应在《站细》中明确规定（包括应用微机编制、交接计划的车站）。

3. 调车指挥人传达调车计划的要求

为正确及时地完成调车作业计划规定的任务和要求，调车指挥人每次接受计划后，应根据计划的内容和要求制定具体的调车作业方法，连同注意事项亲自向司机交递和传达；对其他有关人员也应亲自或指派连结员传达；具体传达办法，在《站细》内规定。

调车指挥人必须确认作业人员均已了解调车作业计划后方可开始作业。

动车段（所）调车工作的计划编制及下达办法由铁路局规定。

二、调车作业计划的变更

1. 变更计划的定义

变更计划是指变更股道、辆数、作业方法及取送作业区域或线路。

随意变更计划既不安全，也影响效率，但调车作业涉及的因素很多，绝对不变更计划是很难做到的。正确了解和掌握情况增强预见性，尽量做到不变更或少变更计划，是对调车领导人的一项重要要求。

变更调车作业计划，往往由于传达不彻底，作业人员对变更后的计划不清楚，容易引起混乱，甚至造成事故。因此，作业计划应尽量减少变更，变更计划必须把住传达彻底这一关。例如，2009 年 4 月 12 日 19 点 30 分，××站进行调车作业时，由于连结员变更计划未通知司机，司机误认为往空线送车，速度较高，造成与停留车相撞，造成货车大破一辆，构成重大事故。

所以，作业计划应尽量少变更，以免引起作业上的混乱。

2. 变更计划的原因

变更计划主要来自两个方面：一是调车领导人对原来布置的计划因故需要变更，例如，布置计划后发现了故障车，或者发现预报车数不符等；二是调车指挥人在执行计划中因某种原因需变更原来计划，例如，发现车数不对或是某股道已满线等。

3. 变更计划的原则

调车作业下达后，遇不得已情况必须变更时，应做到：① 重新填写调车作业通知单（变更计划不超过三钩时可用口头方式布置）；② 调车指挥人请求变更调车作业计划时，必须经调车领导人同意。

4. 变更计划的相关规定

（1）变更计划应用书面方式重新按规定程序下达，但因临时需要必须变更时，允许以口头方式（包括无线电台）布置。因受作业人员记忆力的限制，一批作业（指一张调车作业通知单）变更计划不超过三钩时，可用口头方式布置，有关人员必须复诵（包括无线电话）。变更股道时，必须停车传达。变更计划超过三钩时，必须重新填写调车作业通知单书面传达。

（2）中间站利用本务机车调车时，也可以采用改写调车作业通知单的方式向司机传达，但作业完了后，必须及时向调车领导人汇报计划变更和车辆停留情况。

（3）仅变更作业方法或辆数时，不受口头传达三钩的限制，但调车指挥人必须向有关人员传达清楚，有关人员必须复诵。

（4）驼峰解散车辆，只变更钩数、辆数、股道时，可不通知司机，但调车机车变更为下峰作业或向禁溜线送车前，须通知司机。

【例 2-1】　1987 年 11 月 30 日 17 点 58 分，4093 次列车东富站调车作业，由于调车长变更调车作业计划未向连结员传达，当向 3 道甩车后又不止轮，造成车俩溜出挤坏 1 号道岔。构成一般事故。

【例 2-2】　1988 年 11 月 27 日 22 点 34 分，吉林北站二调作业，由于变更调车作业计划传达不彻底，信号员盲目扳道，造成调车机动轮、从轮脱轨，构成一般事故。

沈阳铁路局普速铁路《行车组织规则》关于变更调车作业计划的规定

根据《技规》（普速铁路部分）第 289 条补充规定：

1. 只准许调车领导人变更调车作业计划。

2. 在驼峰上解散车辆时，变更机车下峰或向禁溜线送车时，必须先通知司机，对调车、扳道有关人员按规定传达后，方可进行作业。

3. 平面调车时，溜放变连挂、溜放变推送均应先显示停车信号（指令），待司机回示后，再显示作业信号（指令），方可进行作业。

4. 变更调车作业计划须重新编制或修改调车作业通知单（可口头传达调车作业计划时除外），司机的调车作业通知单由调车指挥人负责修改。具体办法在《站细》内规定。

5. 取消调车进路时，必须先通知调车指挥人（单机、动车组为司机），在得到调车指挥人（单机、动车组为司机）已经停轮的准确回答后，方可取消调车进路。取消"非进路"调车时，须取得相关人员同意，确认车列已停妥或未在"非进路"区段后，方可办理。具体方法在《站细》内规定。

三、调车作业前的准备

做好调车作业前的准备，是安全、迅速地进行调车作业的前提。只有做好准备工作，才能顺利地执行调车作业计划，保证安全地完成任务。作业的准备工作根据《技规》要求应有如下内容：

（1）提前排风、摘管，核对计划，确认进路，检查线路、道岔（集中联锁区除外）、停留车及车辆防溜等情况。

车列溜放或驼峰解散前，要事先做好排风、摘管工作。

排风，是将待解车列主管的风压放去，把副风缸内余风排净，使车辆状态缓解，防止车辆在溜放途中因副风缸内余风泄漏产生制动，造成车辆途停、后续车辆追尾撞车等严重后果。摘管，是指按调车作业计划要求，在车组分解处提前将制动软管摘开，以免在解散或溜放中停车摘管而长作业时间。在作业进行和车辆动态中不得进入钩档摘管以免危及人身安全。

作业开始前，为使有关人员协同一致，应核对计划，使现在车与作业计划一致、顺序无误，防止传错、抄错、看错或误认。确认进路，检查线路、道岔、停留车位置，便于甩挂作业。防溜措施包括铁鞋、手制动机、防溜枕木、止轮器等。在货物线、段管线、岔线等地点进行甩挂、取送车辆作业时，还要派人通知装卸、检修作业等人员注意，并需确认线路两旁的货物堆放距离是否符合规定，以免发生调车和人身伤亡事故。

（2）人力制动机制动的选闸、试闸，系好安全带。

人力制动机制动时，要预先做好选闸工作，做到"四选四不选"：选重不选空，选大不选小，选高不选低，选前不选后。坚持"一车两试"的方法，即停车试闸和牵出（走行）试闸，保证溜放出的车组有足够的制动力。

（3）准备足够的良好制动铁鞋和防溜器具。

铁鞋制动时，制动员根据溜放车组空、重及辆数的多少，应事先准备好足够的质量合格的铁鞋。

中间站没有调车组时，应在列车到达前的规定时间叫班，作业人员应提前到岗，按要求做好准备，并应重点了解列车运行情况、停车情况及作业重点要求。不能因"作业量小""作业简单"或其他原因晚叫班或只叫部分人员到岗，造成准备不足或缺员作业而发生行车事故。

（4）无线调车灯显设备试验良好。

无线调车设备主要包括调车人员的无线对讲机（袖珍电台）、机车无线电台及固定电台。

沈阳铁路局普速铁路《行车组织规则》关于岔线、段管线、货物线取送车辆的规定

根据《技规》（普速铁路部分）第290、297条补充规定：

1. 取送车前应先派人检查道岔（设有股道表示器、加锁或钉固的除外）、大门、线路、停留车辆、货物堆放距离、装卸机具、防护信号等符合规定。如不能事先派人检查，应提前停车，具体检查办法在《站细》中规定。

2. 利用本务机进行调车作业的中间站，在机车去货物线取送车辆前，调车领导人应先通知货运员（未设货运员的车站为胜任人员）检查货位距离和货物堆放状态，货运员（未设货运员的车站为胜任人员）应将检查情况向调车领导人汇报。如事先检查有困难时，其具体检查办法在《站细》内规定。

3. 车站取送车前应按规定提前通知有关人员。有关人员接到通知后应停止相关作业并采取相应的安全措施。客车技术整备所还应与所内相关单位签订协议，明确调车作业通知办法及相关安全措施。

4. 设有岔线、段管线的车站应与有关单位共同签订协议，制订取送车作业的安全措施，将协议作为《站细》附件。

5. 直进列车进入装卸车线路（非到发线的交接线）时，如接车线末端调车信号机显示进行的信号，列车应不停车越过；在集中区，按调车信号显示进行的信号运行。直出列车，由非到发线发车时，司机根据车站（专用铁路）人员发出的起动信号起动，如出站信号机显示进行的信号，列车应不停车越过。到发线至装（卸）车线路或交接线的进路上有无联锁的道岔时，接发车前需提前对无联锁的道岔确认密贴并人工加锁，经过道岔直向的最高速度不得超过 40 km/h。

6. 车站（含线路所，本款以下同）与专用铁路（含专用线，本款以下同）均装有基本闭塞设备时，办理取送车作业的规定：

（1）纳入局调度指挥的专用铁路（须在设计文件及开通运营电报中明确）取送车工作，由列车调度员统一指挥。有关行车人员必须执行列车调度员命令和口头指示，服从调度指挥；

（2）未纳入局调度指挥的专用铁路的取送车工作，由国铁接轨站车站值班员统一指挥。有关行车人员必须执行车站值班员命令和口头指示，服从车站值班员指挥。具体作业办法在《协议》中规定，涉及国铁其他部门时须会签。

第三节　调车作业的规定和要求

调车信号的显示与确认、调车速度的掌握等直接关系到调车作业效率和安全，因此，《技规》（普速铁路部分）对此做了详细的规定和要求，必须认真执行。

一、信号的显示与确认

（1）调车作业时，调车人员必须正确及时地显示信号；机车乘务人员要认真确认信号，并回示。

在调车作业中，信号是调车组、机车乘务组、扳道组、信号员等有关调车人员之间作业联系的纽带。在调车作业时，调车人员必须正确及时地显示信号。调车信号应按规定方式显示，并做到横平、竖直、灯正、圈圆、站立位置适当，显示及时、准确、清晰。

机车乘务人员要认真确认信号，并鸣笛回示。没有看到调车指挥人的起动信号不准动车。对单机在岔区折返或机车出入段，可根据扳道员显示的道岔开通信号或调车信号机显示的进行信号动车。无扳道员和信号机时，调车指挥人确认道岔开通正确后向司机显示起动信号。

（2）连挂车辆要显示十、五、三车距离信号（单机除外）。

连挂车辆要显示十、五、三车距离信号（单机除外），没有显示十、五、三车距离信号不准挂车；若没有司机回示，应立即显示停车信号。

在连挂车辆时，还应按下列要求执行：

① 在确认停留车位置有困难（包括天气不良，照明不足或地形、地物影响）时，应派人显示停车位置信号。

② 在超过 2.5‰坡道的线路上挂车时，没有连挂妥当不得撤除防溜措施。

③ 在被连挂车辆末端距警冲标不足 50 m 时应派人到车组末端进行防护。

④ 在连续连挂时，可不停车连挂，但要确认连挂状态，连挂车组超过 10 车时须试拉。

⑤ 在成组的备用车、保留车列挂妥后应全列试拉。

⑥ 在连挂后要确认后部调车人员的"好了"信号，然后起动拉车。

调车作业时，不足两人不准进行调车作业。

二、调车进路的确认

1. 要道还道制度

（1）在非集中联锁的车站进行调车作业时，扳道员根据调车作业通知单及调车指挥人的信号要求，正确、及时地扳动道岔，显示信号。为确保调车进路的正确，应严格执行要道还道制度。一条进路往往要经过好几组道岔，经过几个扳道员的作业来完成，联系上稍有脱节或误认要道、扳道信号，就有可能耽误或错误准备进路造成事故。为防止发生上述情况，车站应根据道岔组数量和排列位置，采用互相监督、人工联锁、区域联防、互相检查的制度，把分散的道岔连成一个整体以保证进路准备的正确。要道还道制度起着人工联锁、互相检查的作用，可保证进路正确。要道由近而远，还道由远而近。

扳道人员应按调车计划准备进路。在要道还道时，应统一为"进×道要×道""出×道还×道"。在连续溜放或驼峰解散车辆时，只要求第一钩实行要道还道制度，自第二钩起，扳道人员即可根据调车作业通知单的要求扳动道岔。

要道还道制度分两种情况：一种是以调车长、司机为一方，以扳道人员为另一方，来确认进路是否准备妥当、正确；另一种是当调车进路上配有两名以上扳道员时，相互检查、确认调车进路是否正确。由于各站线路配置不同，要道还道的具体办法和股道编号等应在《站细》内规定。

（2）在集中联锁的车站进行调车时，进路的准备是由信号员按调车作业通知单进行的，进路布置妥当后开放调车信号。有关联系是通过无线调车设备、对讲机或有线广播进行的。集中联锁车站准备调车进路可分段进行，但要注意由近及远，切不可先远后近，以免造成调车人员看到远方的调车信号开放而动车，造成行车事故。

由集中区到非集中区或由非集中区到集中区的调车作业，应制定要道还道或作业联系办法，由于集中区作业繁忙，涉及接发列车等多项作业，由非集中区到集中区，必须提前做好联系，合理安排，减少作业等待及其他不安全因素。根据各站设备的不同，具体的要道还道办法和非集中区与集中区间的联系办法应在《站细》内规定。

随着无线调车设备的广泛采用，为保护环境，减少噪音干扰，要道还道可以通过无线调车设备进行，具体办法和用语应在《站细》内规定。

2. 确认进路

单机运行或牵引车辆运行时，前方进路的确认由司机负责。推进车辆运行时，前方进路的确认由调车指挥人负责，如调车指挥人确认前方进路有困难时，可指派调车组其他人员负责确认。

三、越区、转场的要求

越区作业是指调车机车由本调车区到其他调车区进行取送车辆作业；转场作业是指由调车场去到发场或另一个调车场的转线作业。

调车工作繁忙，配线较多，划分调车区的车站没有做好联系和防护时，不准进行越区、转场作业。

越区或转场调车，不仅要经过较多线路和道岔，有时还需跨越正线，涉及各调车区和车场之间作业的安排，如果联系不彻底或没有做好防护工作，不但影响调车效率，还会危及行车安全和人身安全。因此，调车机车越区或转场作业时要做好以下工作：

（1）越区、转场作业时，调车领导人事先应将越区（转场）的时间、地点、辆数及有关事项与进入区（场）的调车领导人联系，取得同意后向本区有关人员下达计划，进行布置。

（2）越出、进入或经由场、区的扳道人员应按本区、场调车领导人的布置，停止相抵触的作业，确认线路空闲并准备进路。

（3）越出区的扳道人员在接到进入区进路准备妥当或同意转场的通知后，方可通知本区调车指挥人指挥越区（转场）作业。

（4）划区（场）的车站，不论有无固定信号设备，均应制定越区（转场）的联系办法并纳入《站细》。

（5）越区、转场及在超过 2.5‰ 坡度的线路上调车时，为保证调车车列的制动力，遇到情况能及时停车，车站与机务段应根据具体情况确定 10 辆及其以下是否需要联结风管及联结风管的数量，11 辆及其以上必须联结风管的车数，并纳入《站细》。

四、调车速度的限制

调车作业要做到安全、迅速、准确，掌握调车速度是关键。进行调车作业的司机，必须严格按照《技规》等有关规章规定的限制速度和调车指挥人的信号操纵机车，在任何情况下都不准超速作业。调车指挥人除了注意观速、观距，及时准确地显示信号外，发现司机超速危及安全时，必须立即显示停车信号。

调车速度是根据调车作业的特点，调车时所经过线路、道岔的允许速度及调动特殊构造的车辆或装载特殊货物车辆的要求，以及保证调动车列运行中的安全规定的。在作业中还应根据带车多少、制动力大小以及距离远近等，由司机和调车指挥人共同掌握调车速度。

（1）在空线上牵引运行时，不得超过 40 km/h，推进运行时，不得超过 30 km/h。限速原因主要是考虑下面几种因素：

① 在调车作业时，被调动车辆的自动制动机没有全部加入机车操纵的自动制动系统，这样车列的停车和减速多凭机车自身的制动力。

② 在调车作业时，调车机车的牵引是正向、逆向交互进行，有时瞭望不方便。

③ 进行调车作业时的线路标准、等级及道岔型号通常都低于正线、到发线的标准。

④ 当推进运行时，司机不便于瞭望。

（2）调动乘坐旅客或装载爆炸品、气体类危险货物、超限货物的车辆时，不准超过 15 km/h。

（3）接近被连挂的车辆时，速度不得超过 5 km/h。

目前，我国货车车辆条件有了很大发展，大型车辆增加，杂小型车辆逐步被淘汰或限制在个别支线内使用，为调车连挂速度的提高带来了方便条件。经过冲撞试验，从最坏的情况出发，连挂速度为 5 km/h 时对车辆结构不会产生不利影响，所以，为了平稳连挂，避免调车机车与连挂车辆冲撞，保证车辆和装载货物的完整和调车作业的安全，《技规》规定在调车作业时连挂车辆的速度不得超过 5 km/h。

（4）推上驼峰解散车辆时的速度和装有加、减速顶的线路上的调车速度，在《站细》内规定。经过道岔侧向运行的速度，由工务部门根据道岔具体条件规定，并纳入《站细》。

驼峰解散车辆是多工种联合作业，除应做到一丝不苟地按调车有关规定进行外，解散速度也是保证调车安全的一项重要因素。目前，我国驼峰规格尚未统一，设备条件差异很大，峰高、道岔区长短、制动工具都有不同，因此，必须因地制宜地由车站自定推上驼峰解散车辆的速度，以保证调车作业的安全与效率。

（5）在尽头线上调车时，距线路终端应该有 10 m 的安全距离。遇特殊情况必须近于 10 m 时，严格控制速度。

由于尽头线末端均设有车挡或端部站台，取送车时，如在制动距离掌握上稍有不慎，则可能与车挡或端部站台碰撞而造成事故，故要规定有 10 m 的安全距离。遇有必须在端部站台进行装卸作业，要求车辆进入 10 m 之内时，速度必须严格控制。为保证作业安全，在接近车挡或尽头站台 10 m 以内取、送车辆时，应在适当距离处一度停车，再以较低的速度连挂，或靠近尽头站台。

（6）电力机车、动车组在有接触网终点的线路上调车时，应控制速度，机车距接触网终点标应有 10 m 的安全距离；遇特殊情况必须近于 10 m 时，要严格控制速度。

（7）旅客未上下车完毕，除本务机车、补机摘挂作业外，不得进行旅客列车（车底）的连挂作业。

（8）遇天气不良等非正常情况，应适当降低速度。

五、禁止溜放的车辆、线路及其他限制

牵出线溜放调车和驼峰解散车辆可以缩短调车行程、压缩调车钩分、提高调车效率、加速车辆周转，但为了确保人身、货物和调车作业安全，规定了如下的一些限制：

1. 溜放车辆的限制

（1）装有禁止溜放货物的车辆按原铁道部发的《危险货物运输规则》附件八——禁止溜放和溜放时限速连挂的车辆表的规定要求进行，见表 2.1。

表 2.1　铁路车辆禁止溜放和限速连挂表

顺号	种类	禁止溜放 （调动这些车辆时禁止溜放和由驼峰上解体）	限速连挂 （溜放或由驼峰上解体调车，车辆连挂速度不得超过 2 km/h）
1	爆炸品	有整体爆炸危险的物质和物品；有迸射危险，但无整体爆炸危险的物质和物品；有燃烧危险并有局部爆炸危险或局部迸射危险或这两种危险都有，但无整体爆炸危险的物质和物品	不呈现重大危险的物质和物品；有整体爆炸危险的非常不敏感物质；无整体爆炸危险的极端不敏感物品
2	气体	罐车（含空罐车）和钢质气瓶装载的易燃气体、毒性气体	① 非易燃无毒气体。 ② 钢质气瓶以外其他包装装载的气体类危险货物
3	易燃液体	乙醚，二硫化碳，石油醚，苯，丙酮，甲醇，乙醇，甲苯	① 除禁止溜放栏内规定以外的装入玻璃或陶瓷容器的易燃液体。 ② 汽油
4	易燃固体、易于自燃的物质、遇水放出易燃气体的物质	硝化纤维素，黄磷，硝化纤维胶片	三硝基苯酚[含水≥30%]，六硝基二苯胺[含水>75%]，三乙基铅，浸没在煤油或密封于石蜡中的金属钠、钾、铯、锂、铷、硼氢化物
5	氧化性物质和有机过氧化物	过氧化氢，过氧化钠，过氧化钾，氯酸钠，氯酸钾，氯酸铵，高氯酸钠、高氯酸钾、高氯酸铵，硝酸胍，漂粉精和有机过氧化物	除禁止溜放栏内规定以外的装入玻璃容器的氧化性物质和有机过氧化物
6	毒性物质和感染性物质	玻璃瓶装的氯化苦、硫酸二甲酯、四乙基铅（包括溶液）、一级（剧毒）有机磷液态农药、一级（剧毒）有机锡类、磷酸三甲苯酯、硫代膦酰氯	① 禁止溜放栏内的货物装入铁桶包装时。 ② 除禁止溜放栏内规定以外的装入玻璃或陶瓷容器的毒害性物质
7	放射性物质	二、三级运输包装或气体的放射性货物	
8	腐蚀性物质	罐车装载以及玻璃或陶瓷容器盛装的发烟硝酸、硝酸、发烟硫酸、硫酸、三氧化硫、氯磺酸、氯化亚砜、三氯化磷、五氯化磷、氧氯化磷、氢氟酸、氯化硫酰、高氯酸、氢溴酸、溴	除禁止溜放栏内规定以外的装入玻璃或陶瓷容器的腐蚀性物质

续表 2.1

顺号	种类	禁止溜放 （调动这些车辆时禁止溜放和由驼峰上解体）	限速连挂 （溜放或由驼峰上解体调车，车辆连挂速度不得超过 2 km/h）
9	特种车辆	非工作机车，轨道起重机，机械冷藏车，大型的凹型和落下孔车，空客车及特种用途车（发电车、无线电车、轨道检查车、钢轨探伤车、电务试验车、通信车），检衡车	
10	特种货物	按规定"禁止溜放"的军用危险货物和军用特种货物	
11	其他车辆	搭乘旅客的车辆，铁道部临时指定的货物车辆	乘有押运人员的货车
12	贵重、精密货物	由发站和托运人共同确定的贵重的以及高级的精密机械、仪器仪表	电子管、收音机、电视机以及装有电子管的机械
13	易碎货物	易碎的历史文物，易碎的展览品，外贸出口的易碎工艺美术品，易碎的涉外物资（指各国驻华使、领馆公用或个人用物品，外交用品，国际礼品，展品，外侨及归国华侨的搬家货物）	鲜蛋类，生铁制品，陶瓷制品，缸砂制品，玻璃制品以及用玻璃、搪瓷、缸砂容器盛装的液体货物

注：除顺号 1、2、9、10、11 "禁止溜放" 外，其他 "禁止溜放" 的货物车辆可向空线溜放

使用人力制动机、铁鞋或减速器制动时，会产生高温、火星和冲撞，而装载爆炸品、压缩、液化气体等特种货物的车辆经撞击、摩擦受热后有可能引燃、引爆，所以不准溜放。有些危险货物比较稳定或包装较坚固，允许溜放，但连挂时应避免冲撞，这就要求限速连挂。调车领导人应在调车作业通知单内记明 "禁止溜放" 或 "限速连挂" 的内容。

（2）禁止溜放特种车辆（非工作机车、铁路救援起重机、大型养路机械、机械冷藏车、凹型车、落下孔车、客车、动车组和特种用途车）。因为有的车辆因车体构造特殊，不易通过驼峰或不能使用铁鞋、人力制动机制动；有的车辆装有精密仪器，一旦发生冲撞其后果严重。因此，调车领导人应在调车作业通知单内注明，严禁溜放，确保作业安全。

（3）乘坐旅客的车辆及停有该车辆的线路，停有动车组的线路。由于调车溜放时，车辆速度难以控制，容易发生冲撞等问题，为了保证旅客舒适和人身安全，对乘坐有旅客的车辆及停有该种车辆的线路，禁止溜放作业。由于动车组是独立固定编组，正常情况下不具备与其他机车、车辆连挂的条件，调车溜放时，车辆速度难以控制，容易发生与停留动车组接触、冲撞等问题而损坏动车组，因此规定停有动车组的线路禁止溜放作业。

2. 禁止溜放的线路

由于线路坡度、线路上停放车辆及线路上进行技术作业等方面的原因，下列线路禁止溜放调车：

（1）超过 2.5‰ 坡度的线路（为溜放调车而设的驼峰和牵出线除外）。2.5‰ 坡度是指线路有效长内的平均坡度。溜出的车组在这样坡道的线路上运行会逐渐加速，不易在预计地点停车，若制动不及时，可能造成冲突等事故，所以禁止溜放。

（2）停有正在进行技术检查、修理、装卸作业的车辆的线路。这是因为被溜放车组的减

速与停车是靠人力制动机和铁鞋制动等来实现的，如果人力制动机失灵、铁鞋脱落或调速不当失去控制，就将严重地威胁旅客或有关作业人员的人身安全，同时车辆也可能轧上防护用具造成脱轨等事故，所以禁止溜放。

（3）停有装载爆炸品、气体类危险货物车辆线路。这是因为上述物品对撞击摩擦特别敏感，一旦调速不当发生冲撞，可能发生爆炸或漏出毒气，造成人民生命财产的重大损失，所以禁止溜放。

（4）无人看守道口的线路。这是因为车组溜出后无法控制行人、车辆横越线路；在情况突变时，对溜放的车组也难以控制停车，容易造成人员伤亡、撞坏车辆或车辆脱线事故，所以禁止溜放。

（5）停留车辆在距警冲标的长度容纳不下溜放车辆（应附加安全制动距离）的线路。也就是通常所说的"堵门车"的线路，由于制动距离不足，调速困难，容易造成冲撞事故，因此禁止溜放。调车人员要随时掌握线路内车辆停留情况，发现线路内有"堵门车"时，禁止向有"堵门车"的线路内溜放，以免发生事故。

（6）中间站正线、到发线及与其衔接而未设隔开设备的线路。随着我国铁路的几次大提速，列车运行速度普遍提高，中间站的作业更加繁忙，溜放车辆一旦失控就有可能进入区间，危害十分严重；同时，中间站的正线、到发线主要用来接发列车时使用，也不宜大量利用其进行调车作业，为保证接发列车作业安全，在此种情况下禁止溜放作业。

（7）调车组不足3人时。在进行溜放作业时，至少要由一人指挥、一人提钩、一人制动，调车组里至少有3人，这样才能保证溜放调车安全。

（8）不准采用牵引溜放法调车。

六、车辆通过驼峰的限制

1. 通过机械化驼峰的限制

涂有禁止上峰标记的车辆禁止通过机械化驼峰。

我国机械化驼峰各部尺寸、规格基本定型，车辆走行部分也有标准规格。因此，在车辆出厂前，即能确认其能否通过机械化驼峰，对不宜通过机械化驼峰的车辆，应事先打上禁止过峰的标记。

对机械冷藏车，为防止车辆联结处的冷盐水管道、电线路设备及车内精密仪器装置发生损伤，禁止通过驼峰，但在未设峰顶迂回线或迂回线故障的车站，必须使机械冷藏车过峰时，应以不超过7 km/h的速度推送下峰。

2. 通过非机械化驼峰的限制

有些车站的驼峰是在平面牵出线的基础上改建而成的。其峰顶平台、加速破与推送破等各部分长度与坡度都是以普通车辆能顺利过峰为基础，全路很难统一标准。因此，设有非机械化驼峰的车站，对D17、D19g型落下孔车禁止通过驼峰。机车（调车机车除外）、铁路救援起重机、客车、动车组、大型养路机械、凹型车、落下孔车、钳夹车及其他涂有禁止上驼峰标记的车辆禁止通过驼峰。装载活鱼（包括鱼苗）、跨装货物的车辆（跨及两平车的汽车除外）等，是否可以通过驼峰，由车站会同车辆段等有关单位做出具体规定，并纳入《站细》。

七、在溜放作业中不能使用铁鞋制动的几种情况

1. 禁止使用铁鞋的地点

（1）曲线外轨严禁使用铁鞋。因车辆轮对在曲线上行驶时，由于离心力的作用和车辆改变运行方向的需要，外侧车轮挤压外侧钢轨，着力点不平衡，外轨"上鞋"，容易被车轮撞掉；同时当轮对运行于曲线时，外侧车轮较内侧车轮走行距离长，以保持轮对的平衡移动，如外轨"上鞋"阻止外轨车轮走行，就破坏了平衡，容易造成车轮脱轨。

（2）调车场以外的线路严禁使用铁鞋。主要是因为钢轨型号不一，所以严禁使用铁鞋制动。

沈阳铁路局普速铁路《行车组织规则》禁止使用铁鞋制动地点的规定

根据《技规》第290、296条补充规定：

1. 道岔区域内(有关线路警冲标外方)。

2. 线路的道口(平过道)处。

3. 非指定使用铁鞋的线路(《站细》内规定)。

4. 异型钢轨接头处。

5. 铁鞋脱落器的护轮轨部位。

6. 加、减速顶区。

7. 停车器（车辆减速器）内。

2. 不能使用铁鞋的车辆

（1）外闸瓦车严禁使用铁鞋。因为外闸瓦车的闸瓦钎子距轨面最低为 25 mm，铁鞋高度为 110 ~ 125 mm。因此，铁鞋放在轨面上时，容易被闸瓦钎子撞掉或被推着滑行，起不到制动作用。

（2）曲线外轨、调车场以外的线路和外闸瓦车、直径在 950 mm 及其以上的大轮车严禁使用铁鞋。这是因为铁鞋托座弧面是根据一般轮对直径 840 mm 制作的，而 950 mm 及其以上直径的大轮车使用普通铁鞋时，车轮踏面与托座弧面不密贴，既影响制动效能，又可能撞掉铁鞋。其他不准使用铁鞋制动的情况由各站自行规定并纳入《站细》。

八、联结制动软管及试拉的要求

（一）联结风管

在一般情况下进行调车作业时，车列的减速和停车都是靠机车本身的制动力，不需联结

风管。但在不利地形和特殊条件下，如越区转场，向岔线、专用线取送车辆或在超过 2.5‰ 坡度的线路上调车作业时，为使调车车列及时停车，应联结风管。联结风管数量过多，会因 摘解风管、车列充风而延长作业时间；联结风管数量过少，会影响制动力。为此，联结风管 的数量及要求应根据机车类型、线路坡度、挂车多少以及作业的要求等具体情况确定，并纳 入《站细》。

沈阳铁路局普速铁路《行车组织规则》调车作业连结软管的规定

根据《技规》（普速铁路部分）第 295 条补充规定：

1. 调车作业按规定连结软管后，应进行自动制动机简略试验。

2. 下列情况应接通全部软管：

（1）调动乘坐旅客、军用人员的车辆、客车底(含客车车辆 5 辆及以上)、公务车时；

（2）推进越出站界(包括跟踪)调车时。

（二）试　拉

推送车辆前必须试拉。车列前部要有人进行瞭望，及时显示信号。

推送车辆时，如连挂状态不良容易造成车辆溜逸，危及行车安全，因此，在推送作业前 必须进行试拉，确认连挂状态良好后才能推进作业。在同一线路内连续连挂作业时，根据连 挂距离，可以不用每钩进行试拉，但最后一组一般不采用连续连挂的方法进行，并要采取防 溜措施，避免车辆溜出警冲标，同时在前部要有人显示信号。

（1）推送车辆前，连续连挂距停留车组 10 辆以上及编组完了最后一钩，要进行试拉， 并应确认连挂良好，不能以"顿钩"代替试拉。

（2）推进运行时，调车组人员应均等排列，依次中转前方手信号。在专用线推进运行时， 担当确认前方进路的调车人员，应佩戴口笛或简易紧急制动阀（通过无人看守道口时，速度 不得超过 15 km/h），发现危及安全情况时，及时鸣示或采取措施。

（3）单机挂车在接近连挂车辆 3 辆时，调车指挥人应在地面指挥机车作业。

摘挂车辆距警冲标、车挡、轨道绝缘节较近时，调车人员应事先采取防溜措施。摘挂 作业完了后，尾部调车作业人员依次向前显示起动和"好了"信号（全部摘下除外）。司机 根据调车指挥人的起动信号开始起动车，起动后依据调车指挥人"好了"信号后，按规定 速度运行。

九、同一线路两端同时进行调车作业的规定

在技术站，经常出现两端调车机车需要同时在同一线路进行调车作业。为保证调车作业 人员和车辆的安全，防止车辆正面冲撞，作业前必须联系并按下列规定办理：

（1）两端不准相对方向同时推车。

（2）空线上禁止两端同时溜放；

（3）不准同时一端推车，一端溜放(但不连挂和不推动分界车组除外)。

（4）不准一端列车出发未出清股道时，另一端向该线路调车。不准该线路中已停留的机车车辆与开出的列车同方向移动。

（5）不准向两端同时发车或一端发车一端向外调车。

调车场横向划区作业的车站，同一线路两端同时作业的办法在《站细》内规定，可不受上述规定限制。

十、手推调车

手推调车是指用人力推动车辆达到调移或对货位等目的，是在缺乏动力的情况下短距离移动车辆时采用的辅助形式。为了保证安全，手推调车必须遵守下列规定：

（1）手推调车要取得有关人员准许方可进行。

① 在调车场、货物线及其他线路手推调车时，应取得调车领导人的同意。在货物线内手推调车不越过警冲标时，停留车的辆数、顺序都不会发生变化，可由有关货运员同意后进行，货运员应将移动后的车辆停留车位置及时通知调车人员。

② 在正线、到发线的衔接线路上进行手推调车时，应得到车站值班员的准许，以保证接发列车的安全。

（2）手推调车时，手闸必须良好，并由胜任人员负责制动。

（3）每批移动不准超过一辆重车或两辆空车，移动速度不得超过 3 km/h，以保证随时停车。

（4）下列情况禁止手推调车：

① 在正线、到发线及坡度超过 2.5‰的线路上不准手推调车（确需手推调车时，须经铁路局批准）。

② 在停有动车组的线路上；

③ 遇暴风雨雪天气车辆有溜走可能或夜间无照明时，不准手推调车。

④ 接发列车时，能进入接发车进路的线路上无隔开设备或脱轨器，不准手推调车，以防止手推调车制动不当越过警冲标进入接发车进路。

⑤ 装有爆炸品、压缩气体、液化气体的车辆不准手推调车，以防发生意外，造成严重后果。

在一些中间站，由于缺少调车动力，手推调车经常采用，特别是装卸人员为了装卸作业方便，经常以手推调车的方式移动车辆位置。为了保证安全作业，铁路局《行规》和车站《站细》对手推调车都有具体的规定，手推调车作业时要认真执行，以防止车辆溜逸等安全问题发生。

（5）在电气化区段接触网未停电的线路上，棚车、敞车类的车辆禁止手推调车。

十一、动车组调车作业的规定

（1）动车组进行调车作业时，原则上采用自走行方式，凭地面信号机的显示运行。

动车组自带动力，基于安全、构造特点、作业方式等原因，一般情况下动车组进行调车作业应采用自走行方式（故障救援、非电化区段调车等必要时才采用动车组无动力调车方式），司机根据调车作业计划和凭地面信号机的显示进行作业。

（2）动车组禁止连挂其他机车车辆（救援机车、附挂回送过渡车以及动车组无动力调车时的调车机车、公铁两用牵引车除外）调车。

动车组是固定编组、单独运用，从其自身构造和安全要求出发，动车组禁止连挂其他机车车辆调车。但是动车组故障时连挂救援机车，动车组连挂附挂回送过渡车以及动车组无动力调车时的调车机、公铁两用牵引车，是特殊情况下的必要方式，不在此禁止之列。

（3）动车组调车作业时，司机应在运行方向的前端操作，前方进路的确认由司机负责。在不得已情况下必须在后端操作时，应指派随车机械师或其他胜任人员站在动车组运行方向的前端指挥，发现危及行车或人身安全时，应立即使用紧急停车按钮（紧急制动装置）或通知司机停车。

动车组自走行调车作业时，司机应在动车组运行方向的前端操作，前方进路的确认由动车组司机负责。在不得已情况下必须在后端操作时，应指派随车机械师或其他胜任人员站在动车组运行方向的前端指挥，发现危及行车或人身安全时，应立即使用紧急停车按钮（紧急制动装置）停车或通知司机停车。为保证安全，后端操作时速度不得超过 15 km/h。

十二、线路两旁堆放货物的规定

为保证调车工作的安全与作业方便，线路两旁堆放货物距钢轨头部外侧不得少于 1.5 m；站台上堆放货物距站台边缘不得少于 1 m。不足上述规定距离时，不得进行调车作业。

如图 2.1 所示，从图中可以看出，由线路中心线算起，1/2 轨距 = 1 435 ÷ 2 = 718（mm）；又 50（43）kg 钢轨头部宽度为 70 mm，所以线路中心线至钢轨头部外侧的距离为 718 + 70 = 788 mm；机车车辆限界自线路中心计算为 1 700 mm，机车车辆占去钢轨头部外侧的尺寸为 1 700 - 788 = 912（mm），堆放货物距钢轨头部外侧的距离为 1 500 mm（即 1.5 m），则货物与车辆间的距离为 1 500 - 912 = 588（mm）。588 mm 间隔距离是调车人员行走与显示信号所必要的安全空间，是保证调车人员安全通行的最低要求。

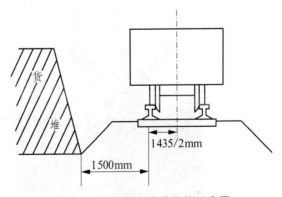

图 2.1　线路两旁堆放货物示意图

规定距站台边缘不得少于 1 m，主要考虑调车人员、货运人员及叉车等机具的作业条件，保证作业安全。货物应堆放稳固，防止倒塌，同时靠近线路两旁堆放为维修线路用的材料、机具等亦不得侵入建筑接近限界。

第四节　手信号

一、列车运行用的命令手信号

1. 停车信号

停车信号表示要求列车停车。

昼间——展开的红色信号旗；夜间——红色灯光（见图2.2）。

图2.2　停车信号一

昼间无红旗时，两臂高举头上向两侧急剧摇动；夜间无红色灯光时，用白色灯光上下急剧摇动（见图2.3）。

图2.3　停车信号二

2. 减速信号

减速信号表示要求列车降低到要求的速度。

昼间——展开的黄色信号旗；夜间——黄色灯光（见图2.4）。

图 2.4　减速信号一

昼间无黄旗时，用绿色信号旗下压数次；夜间无黄色灯光时，用白色或绿色灯光下压数次（见图2.5）。

图 2.5　减速信号二

3. 发车信号

昼间——展开的绿色信号旗上弧线向列车方面做圆形转动；夜间——绿色灯光上弧线向列车方面做圆形转动（见图 2.6）。

图 2.6　发车信号

4. 通过信号

昼间——展开的绿色信号旗；夜间——绿色灯光（见图 2.7）。

图 2.7　通过信号

5. 引导信号

昼间——高举展开的黄色信号旗高举头上左右摇动；夜间——黄色灯光高举头上左右摇动（见图 2.8）。

图 2.8　引导信号

二、调车用的命令手信号

1. 停车信号

显示方式与列车运行用的停车信号（见图 2.2）相同。

2. 减速信号

昼间——展开的绿色信号旗下压数次；夜间——绿色灯光下压数次（显示方式参照图 2.5）。

3. 指挥机车向显示人方向来的信号

昼间——展开的绿色信号旗在下部左右摇动；夜间——绿色灯光在下部左右摇动（见图 2.9）。

图 2.9　指挥机车向显示人方向来的信号

4. 指挥机车向显示人方向稍行移动信号

昼间——拢起的红色信号旗直立平举，再用展开的绿色信号旗左右小动；夜间——绿色灯光下压数次后，再左右小动（见图 2.10）。

图 2.10　指挥机车向显示人方向稍行移动信号

5. 指挥机车向显示人反方向去的信号

昼间——展开的绿色信号旗上下摇动；夜间——绿色灯光上下摇动（见图 2.11）。

图 2.11　指挥机车向显示人反方向去的信号

6. 指挥机车向显示人反方向稍行移动信号

昼间——拢起的红色信号旗直立平举，再用展开的绿色信号旗上下小动；夜间——绿色灯光上下小动（见图 2.12）。

图 2.12　指挥机车向显示人反方向稍行移动信号

对显示本条 2、3、4、5、6 项中转信号时，在昼间可用单臂、夜间可用白色灯光依式中转。

三、联系用的手信号

1. 道岔开通信号

表示进路道岔准备妥当：

昼间——拢起的黄色信号旗高举头上左右摇动；夜间——白色灯光高举头上（见图 2.13）。

图 2.13　进路道岔准备妥当信号

机车出入段进路道岔准备妥当后，显示如下道岔开通信号：

昼间——展开的黄色信号旗高举头上左右摇动；夜间——黄色灯光高举头上左右摇动（见图 2.14）。

图 2.14 道岔开通信号

2. 股道号码信号

要道或回示股道开通号码：

一道：昼间——两臂左右平伸；夜间——白色灯光左右摇动（见图 2.15）。

图 2.15 股道号码信号（一道）

二道：昼间——右臂向上直伸，左臂下垂；夜间——白色灯光左右摇动后，从左下方向右上方高举（见图 2.16）。

图 2.16 股道号码信号（二道）

三道：昼间——两臂向上直伸；夜间——白色灯光上下摇动（见图 2.17）。

图 2.17　股道号码信号（三道）

四道：昼间——右臂向右上方，左臂向左下方各斜伸 45°角；夜间——白色灯光高举头上左右小动（见图 2.18）。

图 2.18　股道号码信号（四道）

五道：昼间——两臂交叉于头上；夜间——白色灯光作圆形转动（见图 2.19）。

图 2.19　股道号码信号（五道）

六道：昼间——左臂向左下方，右臂向右下方各斜伸 45°角。夜间——白色灯光左圆形转动后，再左右摇动（见图 2.20）。

图 2.20　股道号码信号（六道）

七道：昼间——右臂向上直伸，左臂向左平伸；夜间——白色灯光左圆形转动后，左右摇动，然后再从左下方向右上方高举（见图 2.21）。

图 2.21　股道号码信号（七道）

八道：昼间——右臂向右平伸，左臂下垂；夜间——白色灯光左圆形转动后，再上下摇动（见图 2.22）。

图 2.22　股道号码信号（八道）

九道：昼间——右臂向右平伸，左臂向右下斜45°角；夜间——白色灯光左圆形转动后，再高举头上左右小动（见图 2.23）。

图 2.23 股道号码信号（九道）

十道：昼间——左臂向左上方，右臂向右上方各斜伸 45°角。夜间——白色灯光左圆形转动后，再上下摇动作十字形（见图 2.24）。

图 2.24 股道号码信号（十道）

十一至十九道，须先显示十道股道号码，再显示所需股道号码的个位数信号。

二十道及其以上的股道号码，各站根据需要自行规定，并纳入《站细》。

3. 联结信号

联结认号表示联结作业。

昼间——两手高举头上，使拢起的手信号旗杆成水平末端相接；夜间——红、绿色灯光（无绿色灯光的人员，用白色灯光）交互显示数次（见图 2.25）。

图 2.25 联结信号

4. 溜放信号

溜放信号表示溜放作业。

昼间：——拢起的手信号旗两臂高举头上交叉后，急向左右摇动数次；夜间——红色灯光作圆形转动（见图 2.26）。

图 2.26 溜放信号

5. 停留车位置信号

停留车位置信号表示停留车地点。

夜间——白色灯光（在下部）左右小动（见图 2.27）。

图 2.27　停留车位置信号

6. 十、五、三车距离信号

在连挂作业中，十、五、三车距离信号表示推进车辆的前端距被连挂车辆的距离。

昼间——展开的绿色信号旗单臂平伸，夜间——绿色灯光。在距离停留车位置十车（约为 110 m）时，连续下压三次，在距离停留车位置五车（约为 55 m）时，连续下压二次在距离停留车位置三车（约为 33 m）时，下压一次（见图 2.28）。

图 2.28　十、五、三车距离信号

注意： 昼间单手握旗时，一定要把拢起的红色信号旗放在司机方向的前边，用其他手指夹住旗面，必要时便于及时将红色旗面展开（挡住绿色旗面）。

7. 取消信号

取消信号表示通知将前发信号取消。

昼间——拢起的手信号旗，两臂于前下方交叉后，急向左右摇动数次；夜间——红色灯光作圆形转动后，上下摇动（见图 2.29）。

图 2.29 取消信号

8. 要求再度显示信号

要求再度显示信号表示前发信号不明，要求重新显示。

昼间——拢起的手信号旗右臂向右方上下摇动；夜间——红色灯光上下摇动（见图 2.30）。

图 2.30 要求再度显示信号

9. 告知显示错误的信号

告知显示错误的信号表示告知对方信号显示错误。

昼间——拢起的手信号旗两臂左右平伸，同时上下摇动数次；夜间——红色灯光左右摇动（见图 2.31）。

图 2.31　告知显示错误的信号

注意：在显示手信号时，凡昼间持有手信号旗的人员，应将信号旗拢起，左手持红旗，又手持绿旗（扳道员右手持黄旗），不持信号旗的人员，徒手按各规定方式显示信号。

四、实验列车自动制动机手信号

实验列车自动制动机的手信号显示方式包括：

1. 制动信号

昼间——用检查锤高举头上；夜间——白色灯光高举（见图 2.32）。

图 2.32　制动信号

2. 缓解信号

昼间——用检查锤在下部左右摇动；夜间——白色灯光在下部左右摆动（见图 2.33）。

图 2.33　缓解信号

3. 实验结束（作业好了）信号

昼间——用检查锤作圆形转动；夜间——用白色灯光作圆形转动（见图 2.34）。

图 2.34　实验完了信号

　　注意： 显示上述信号时，昼间可用拢起的信号旗代替。司机应注意瞭望试风信号，并按规定鸣笛回答。如列车制动主管为达到规定的压力，试验人员要求司机继续充风时，按缓解的信号同样显示。

五、升降弓信号

突然发现接触网故障需要机车临时降弓通过时，发现的人员应在规定地点显示下列手信号：

1. 降弓手信号

昼间——左臂垂直高举，右臂前伸并左右水平重复摇动；夜间——白色灯光上下左右重复摇动（见图 2.35）。

图 2.35　降弓手信号

2. 升弓手信号

昼间——左臂垂直高举，右臂前伸并上下重复摇动；夜间——白色灯光作圆形转动（见图 2.36）。

图 2.36　升弓手信号

沈阳铁路局普速铁路《行车组织规则》地区性联系用手信号的规定

根据《技规》（普速铁路部分）第 408 条补充规定：

1. 发现运行列车车辆的下部及走行部分不良但尚未危及行车安全时：

　　昼间——拢起的手信号旗在下部左右迅速摇动；

　　夜间——白色灯光在下部左右迅速摇动。

2. 通过列车，接车人员向司机递交命令、凭证或通知事项时：

　　昼间——拢起的手信号旗左右摇动；

　　夜间——白色灯光左右摇动。

3. 试拉信号：

　　昼间——拢起的红色信号旗直立平举、展开的绿旗上下摇动。徒手时，左小臂直立高举，右臂上下摇动。

　　夜间——绿色或白色灯光上下小动。

4. "好了"信号：

　　昼间——拢起的手信号旗或徒手上弧线向车辆方向作圆形转动；

　　夜间——白色灯光作圆形转动。

5. 要求司机鸣笛信号：

　　昼间——拢起的手信号旗直立平举或单臂向上弯曲直立上下小动；

　　夜间——绿色或白色灯光上下小动。

6. 补机摘解信号：

　　昼间——拢起的手信号旗上下摇动；

　　夜间——白色灯光上下摇动。

7. 加速信号：

　　昼间——展开的绿色信号旗或单臂平伸左右迅速摇动；

　　夜间——绿色或白色灯光高举左右迅速摇动。

8. 领车信号：

　　昼间——展开的绿色信号旗平伸。前部的调车人员负责瞭望，正常可不显示信号；使用无线调车灯显设备作业，单机或牵引运行领车时为单臂平伸。

　　夜间——绿色或白色灯光。

其他属于地区性联系用的手信号显示方式，可在《站细》内规定。

沈阳铁路局普速铁路《行车组织规则》手信号显示和撤除时机的规定

根据《技规》（普速铁路部分）第 359、365、440 条补充规定：

接发列车人员向列车显示的通过、停车、减速、引导、代替占用区间凭证的手信号，须在列车接近显示人 500 m 以前开始显示。停车手信号，须于列车停妥后，方可撤除，其他手信号在列车头部越过显示人后，即可撤除。双线反方向引导接车时，引导人员应站在列车运行方向的右侧。

第五节　听觉信号

听觉信号是指号角、口笛、响墩发出的音响和机车、轨道车的鸣笛声。

在行车工作中，各工种或个人间有很多工作不能通过口头、电信设备及视觉信号进行联系时，可采用听觉信号进行联系。

鸣示听觉信号时，为防止混淆，应按音节长短及间隔的规定标准进行：长声为 3 s，短声为 1 s，音响间隔为 1 s。重复鸣示时，须间隔 5 s 以上。

一、机车、自轮运转特种设备鸣笛鸣示方式

机车、自轮运转特种设备的鸣笛，是在乘务员值乘中与其他有关人员联系工作、发出警报、提醒路内外人员注意或通知有关事项时发出的听觉信号。

为减少对人类环境的干扰，在城市运行的所有列车和机车，以及在双线交会旅客列车时，一律鸣风笛。

机车、自轮运转特种设备鸣笛鸣示方式见表 2.2。

表 2.2　机车、自轮运转特种设备鸣笛鸣示方式表

名　称	鸣示方式	使用时机
起动注意信号	一长声 —	1. 列车起动或机车车辆前进时（双机牵引或使用补机时，本务机车鸣笛后，补机应回答，本务机车再鸣笛一长声后起动） 2. 接近鸣笛标、道口、桥梁、隧道、行人、施工地点、或天气不良时 3. 电力机车、自轮运转特种设备在检修及整备中，准备降下或升起受电弓时
退行信号	二长声 — —	列车、机车车辆、单机开始退行时
召集信号	三长声 — — —	要求防护人员撤回时
牵引信号	一长一短声 — ·	途中本务机车要求补机牵引运行时（补机应以同样信号回答）
惰行信号	一长二短声 — · ·	本务机车要求补机惰力推进时或要求补机断开主断路器时（补机应以同样信号回答）
途中降弓信号	一短一长声 · —	1. 电力机车双机牵引，本务机车司机要求补机降下受电弓时（补机应以同样信号回答） 2. 电力机车司机在途中发现降弓手信号时，应鸣此信号回示
呼唤信号	二短一长声 · · —	1. 机车要求出入段时 2. 在车站要求显示信号时
警报信号	一长三短声 — · · ·	1. 发现线路有危及行车安全的不良处所时

续表 2.2

名　称	鸣示方式	使　用　时　机
试验自动制动机及复示信号	一短声 ·	1. 试验制动机开始减压时 2. 接到试验制动结束的手信号，回答试风人员时 3. 调车作业中，表示已接受调车长所发出的手信号时
缓解及溜放信号	二短声 ··	1. 试验制动机缓解时 2. 要求列车乘务组缓解人力制动机时 3. 复示溜放调车信号时
拧紧人力制动机信号	三短声 ···	1. 要求列车乘务组拧紧人力制动机时 2. 要求就地制动时
紧急停车信号	连续短声 ·······	司机发现（或接到通知）邻线发生障碍，向邻线上运行的列车发出紧急停车信号时。邻线列车司机听到此种信号后，应紧急停车

二、口笛、号角鸣示方式

在调车作业中，参加调车作业的有关人员之间联系工作时，可使用口笛、号角鸣示听觉信号，鸣示方式见表 2.3。

表 2.3　口笛、号角鸣示方式

用途及时机	鸣　示　方　式	
发车、指示机车向显示人反方向移动	一长声	—
指示机车向显示人方向移动	一短一长声	· —
试验制动机减压	一短声	·
试验制动机缓解	二短声	··
试验制动机完了及安全信号	一短一长二短声	· — ··
一道	一短声	·
二道	二短声	··
三道	三短声	···
四道	四短声	····
五道	五短声	·····
六道	一长一短声	— ·
七道	一长二短声	— ··
八道	一长三短声	— ···
九道	一长四短声	— ····

续表 2.3

用途及时机		鸣 示 方 式	
十道		二长声	— —
二十道		二短二长声	·· — —
十、五、三车距离信号	十车	三短声	···
	五车	二短声	··
	三车	一短声	·
连结及停留车位置		一长一短一长声	— · —
停车		连续短声	·····
要求司机鸣笛		二长三短声	— — ···
试拉		一短声	·
减速		连续二短声	·· ··
溜放		三长声	— — —
取消		二长一短声	— — ·
再显示		二长二短声	— — ··
列车接近通报信号	上行	二长声	— —
	下行	一长声	—

第六节　接发列车与调车作业

一、在正线、到发线上的调车作业

　　站内正线、到发线主要是为办理列车通过和接发使用的。在线路比较紧张的车站，特别是中间站，必须在正线、到发线调车作业时，要处理好接发列车和调车作业的关系。为保证列车安全、正点和不间断地接发列车，调车作业应服从接发列车作业，为此应做到以下两点：

　　（1）必须经车站值班员准许。车站值班员是接发车工作的指挥者，掌握正线和到发线的作用，对列车运行情况应当心中有数，对保证车站不间断接发列车负有直接责任。因此占用正线和到发线的调车作业，都必须经过车站值班员的准许，以全面安排。

　　（2）在接发列车时，按《站细》规定的时间，停止影响列车进路的调车作业。接发旅客列车时，对相邻线路上禁止的调车作业，亦应在规定时间内停止。特别是在开行特快旅客列车的区段，更要严格遵守，甚至要较规定提前停止影响进路的调车作业，严禁抢钩作业。

二、接发旅客列车对调车作业的限制

为防止调车作业时机车车辆侵入旅客列车进路，危及旅客列车安全，《技规》（普速铁路部分）规定接发旅客列车时，能进入接发列车的线路没有隔开设备或脱轨器不准调车，但遇下列情况可以调车：

（1）发出旅客列车时，与列车相反方向的调车作业，如图 2.37 所示。

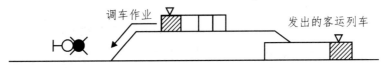

图 2.37　与发出旅客列车方向相反的调车作业示意图

（2）能进入接发列车进路线路的本务机车在停留线路内摘挂列车拉道口。

有特殊困难的车站确需进行上述规定以外的调车时，应制定安全措施并由铁路局批准。

接停车的旅客列车时，在接车线末端方向第一组道岔必须向相邻线路开通，以防止机车车辆进入旅客列车的接车线内，如图 2.38 所示。

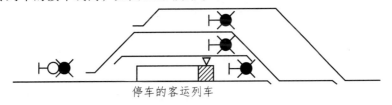

图 2.38　接车线末端第一组道岔开通邻线示意图

三、越出站界调车

越出站界调车，是指利用列车占用区间的间隙时间，调车车列越过进站信号机或站界标进入区间的调车作业，是在区间空闲（自动闭塞为第一闭塞分区空闲）的情况下进入区间调车的一种方法。由于闭塞设备及区间线路数目不同，为了调车作业安全，办理方法及凭证也不尽相同。

（1）行车设备等情况符合下述条件之一时，经车站值班员口头准许并通知司机后，方可越出站界调车：

① 双线自动闭塞区间正方向，第一闭塞分区空闲时；

② 双线非自动闭塞区间正方向区间空闲时；

③ 单线自动闭塞区间，闭塞系统必须在发车位置，第一闭塞分区空闲。

以上情况占用区间（闭塞分区）的权限完全在作业站，对方站不能发车。

（2）行车设备等情况符合下述条件之一时，须有停止基本闭塞法的调度命令，与邻站办理电话闭塞手续，并发给司机出站调车通知书，方可越出站界调车：

① 双线反方向出站调车；

② 单线半自动闭塞区间出站调车。

前者占用区间权限完全属于对方站。虽然大部分双线区间有反向自动站间闭塞设备，但调车作业不可能开放反向出站信号作为占用区间的凭证。后者占用区间权限不完全属于本站，虽然能办理闭塞，但因是出站调车，同样不可能开放出站信号，调车车列不可能压上接车站轨道电路，两站闭塞机不能正常复原。因此，二者都得用电话闭塞办理出站调车手续。

（3）出站调车通知书的填写。

出站调车通知书应由车站值班员填写，当调车机车距行车室较远时，可由扳道员按车站值班员的指示填写，格式见表2.4。填写时应将"跟踪"二字抹掉。

表 2.4　出站、跟踪调车通知书

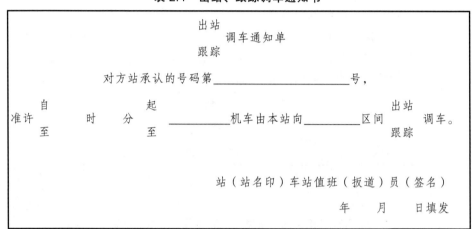

（4）注意事项。

① 调车车列应在限定的时间内返回站内，以免影响列车运行，待出站调车作业完毕，全部退回站内并不妨碍列车进路时，车站值班员应将出站调车通知书收回，与邻站办理区间开通手续。

② 出站调车的限定时间内不受出站次数限制，但在限定的时间内退回车站待避列车后，再需继续出站调车时，应重新办理手续，不得使用原调车通知书。

③ 车站值班员应在信号控制台或规定位置上揭挂"出站调车"表示牌（帽），以防遗忘。

沈阳铁路局普速铁路《行车组织规则》越出站界调车规定

根据《技规》（普速铁路部分）第302条补充规定：

1. 自动站间闭塞区段越出站界调车按半自动闭塞的规定办理。

2. 调度集中中心操作方式、车站调车操作方式下，车站值班员应得到列车调度员准许后，方可办理。

3. 出站调车通知书原则上应由车站值班员填发。确有困难时，可由调车指挥人填发，与车站值班员核对无误后，方可送交司机。用后及时收回（本规则第24条7款规定情况除外），报告车站值班员，方可办理区间开通手续。具体作业办法在《站细》内规定。

4. 车站高速场与普速场间调车作业，联锁设备无调车进路时，办理列车进路，司机根据进、出站信号机的显示进行调车作业。

四、跟踪出站调车

在单线区间或双线正方向线路上，间隔一定的距离或时间，跟随在出发列车后面越过进站信号机或站界标，在站界外 500 m 内进行的调车作业，称为跟踪出站调车。

（一）对跟踪出站调车的限制

（1）只准在单线区间及双线正方向的线路上办理双线反方向行车已属于特殊情况，若再进行跟踪出站调车，势必增加不安全因素，从必要性和安全性考虑都不适当，因此禁止双线反方向跟踪出站调车。

（2）在先发列车尾部越过预告、接近信号机（或靠近车站的第一个预告标）或《站细》规定的间隔时间后，方可跟踪出站调车，如图 2.39 所示。

图 2.39　跟踪出站调车示意图

（3）跟踪出站调车最远不得越出站界 500 m，因为由区间退回的列车没有得到后方站车站值班员准许时，不得退行到预告、接近信号机或车站最外方预告标的内方，这样，调车车列可以保证与由区间返回的列车保持 300 m 以上的安全距离。

（二）跟踪出站调车应办理的手续

（1）须经列车调度员口头准许，以免跟踪出站调车作业影响其他列车运行。

（2）取得邻站值班员的承认号码，防止跟踪出站调车车列全部返回车站前两站误办闭塞等情况，使其他列车进入区间。

（3）发给调车司机"跟踪调车通知书"。

填写时，应将"出站"字样抹掉。跟踪调车通知书允许由扳道员根据值班员的命令填发。跟踪调车完毕后，应及时收回跟踪调车通知书，并通知邻站。当前发列车到达邻站，且跟踪调车完毕后，收回调车通知书，两站值班方可办理区间开通手续。

（4）车站值班员应在信号控制台或规定位置上揭挂"跟踪调车"表示牌（帽），以防遗忘。

（三）禁止跟踪出站调车的情况

（1）出站方向区间内有瞭望不良的地形，或有长大上坡道（站名表由铁路局公布）。

因前发列车因故停车时，一旦制动失效，有溜回车站的可能，如有跟踪调车，就会发生正面冲突。

（2）先发列车需由区间返回，或挂有由区间返回的后部补机。

（3）一切电话中断。

（4）降雾、暴风、雨雪时，因瞭望不便禁止办理跟踪调车。

（5）动车组调车作业

沈阳铁路局普速铁路《行车组织规则》跟踪出站调车规定：

根据《技规》（普速铁路部分）第303条补充规定：

1. 不能确认先发列车尾部是否越过预告信号机时，必须在先发列车发出5 min后，方可跟踪出站调车。

2. 调度集中、自动站间闭塞区段禁止跟踪出站调车。

第七节　机车车辆停留

机车车辆必须停在警冲标内方。为了保证行车及货物的安全，应采取防溜措施或其他安全措施。

一、机车车辆停留的线路及地点

《技规》（普速铁路部分）规定列车及机车车辆必须停在警冲标内方，以保证接发列车及调车作业顺利进行。但在不影响接发列车及调车作业的条件下，准许临时停放在警冲标外方。

1. 停留在调车线警冲标外方的处理

在调车作业中，因溜放车组调速不当未进入线路警冲标内方时，若不妨碍本批作业计划的进路，为提高调车效率，准许临时停在调车线警冲标外方，在该批作业完了后，应立即将该车组送入警冲标内方。

2. 停留在到发线警冲标外方的条件

因车站装卸线货位不足，或货位固定设备设在警冲标外方，在抢运军用物资或急用物资，需停在警冲标外方进行装卸作业时，须经车站值班员、调车区长准许，在不影响列车到发及调车作业的情况下方可进行。在装卸作业完了以后，应立即取走或送入警冲标内方。

3. 安全线及避难线上，禁止停留机车车辆

因为安全线、避难线的设置目的是为了防止列车和机车车辆冲突。如在该线上停留机车车辆，不仅失去了它的作用，反而增加了冲突的机会。

此外，牵出线、渡线、道岔联动区亦不得停留车辆，必须停留时应在《站细》内规定。

4. 在超过6‰坡度的线路上，不得无动力停留机车车辆

二、车辆停留的防溜措施

由于车辆装载货物的性质、车辆本身的特点或线路坡度等方面的因素，停留车辆不进行调车作业时，应采取防溜措施或其他安全措施，以保证行车和货物的安全。

1. 站内线路上停留车辆的规定

（1）在一般情况下，编组站、区段站在到发线、调车线以外的线路上停留车辆、不进行调车作业时，应连挂在一起，并须拧紧两端车辆的人力制动机，或以铁鞋（止轮器、防溜枕木等）牢靠固定。这是因为车辆停留时间较长，而且无人管理，如遇大风天气或邻线行车震动等外力影响，容易造成车辆自动溜走，造成严重后果。另外，滚动轴承车辆已占货车总数的绝大多数，这些车辆受风力等作用极易溜走，为此要切实注意防溜，除拧紧两端车辆的手制动机外，还应用铁鞋、止轮器、防溜枕木等牢靠固定。因装卸车对货位等情况不能连挂在一起时，应分组做好防溜措施。

滚动轴承的车辆具有减少磨耗、易于滑行、运行阻力小等优点，但是这种车辆在停留及调车解挂中，却又相对产生极易发生溜逸的严重隐患。

【例2-3】××年×月×日，31602次货物列车进入××线××站3道后，进行调车作业。两辆装载汽油的滚动轴承罐车因未采取防溜措施而被风吹动发生溜逸，闯入区间，与正在运行的16086次货物列车发生正面冲突。两辆罐车爬上16086次列车的牵引机车上相继颠覆燃爆，机车也脱轨着火。造成机车乘务员3人死亡，机车报废，货车报废四辆，大破四辆，中断正线行车18小时13分的列车冲突重大事故。

为此，对于滚动轴承的车辆，无论是在调车作业解体前还是在站内停留中，亦无论线路有无坡度，均须认真严格地采取防溜措施。

（2）中间站咽喉区短，车辆溜逸后极易闯入接发车进路或溜入区间，与正在运行的列车发生冲突，造成严重损失。因此，在中间站停留的车辆，无论停留的线路是否有坡道和停留时间长短，均应连挂在一起，拧紧两端的手制动机，并以铁鞋、止轮器、防溜枕木等牢靠固定。因装卸车对货位等情况下不能连挂在一起时，也应分组做好防溜措施。一批调车作业中临时停留的车辆，须拧紧两端车辆的人力制动机或以铁鞋（止轮器）止轮。

【例2-4】1992年1月14日2时11分，沈阳铁路局锦州分局兴城车务段白庙子站车辆溜入区间险性事故：

白庙子站为四等中间站，业务性质为客货运站，连锁方式为电气集中，闭塞方式为双线自动闭塞，货物线坡道为2.9‰，停留重车4辆。31013次1时39分进3道后，2时06分开始调车作业，计划为3+9、货物线-4。进货物线时，将原停留的4道重车撞走（原停留车未拧紧手闸，铁鞋失去作用，防溜枕木腐朽），挤坏道岔后溜入沈山下行线，幸将53次特快列车扣在邻站，险些造成严重后果。

（3）编组、区段站到发线、调车线是否需要防溜以及作业量较大中间站执行上述规定有困难时，由铁路局决定。

（4）手推调车除执行有关规定外，还必须采取防溜措施，否则禁止移动车辆。

2. 装有危险品车辆的防溜措施

爆炸品、压缩气体、液化气体等危险品对冲击、火焰敏感，万一发生意外，则后果严重。

为此，要求装载这些物品的车辆必须停放在固定线上，两端道岔应扳向不能进入该线的位置并加锁，以防其他车辆进入。在选择这些车辆固定线时，应远离房舍、住宅及其他建筑物，应与列车运行和调车繁忙的线路保持一定间隔。

3. 其他车辆停留规定

救援列车负担着事故救援的紧急任务，为保证在需要时能及时出动，亦必须停放在固定线上。该线不得停放其他机车车辆，将两端道岔置于其他机车车辆不能进入该线的位置并加锁。发电车的停放办法，按铁路局的规定办理。

为了保证公务车上的领导干部正常工作和休息，对临时停留公务车的线路，除应将道岔置于不能进入该线的位置并加锁外，一般不准利用该线进行与其无关的调车作业。

4. 动车组停留的规定

动车组无动力停留时，有停放制动装置的动车组，由司机负责将动车组处于停放制动状态；动车组无停放制动装置或在坡度为 20‰以上的区间无动力停留时，由司机通知随车机械师进行防溜，防溜时使用止轮器牢靠固定。动车段（所）内动车组防溜办法由铁路局规定。

沈阳铁路局普速铁路《行车组织规则》机车车辆停留防溜的规定

根据《技规》（普速铁路部分）第 295、306、307、361 条补充规定：

1. 机车附挂车辆（含列车）停留时，应使机车自阀置于制动状态；机车附挂车辆（含列车）机车自动制动机故障或不能提供可靠风源时，须采取防溜措施。在车站停留时，按停留线路对车辆的防溜办法采取防溜措施，由司机通知车站，司机负责机车防溜，车站负责尾部车辆防溜。在岔线、段管线停留时，有车站人员参加调车作业的，按在车站停留的规定办理；无车站人员参加调车作业的，在段管线内由相关段在《段细》内规定；在岔线由司机通知使用单位对车列尾部车辆进行防溜。

2. 路用（救援）列车、自轮运转特种设备及所挂车辆在车站无动力停留时，须采取防溜措施。防溜措施分别由司机、随乘人员按规定采取或撤除。在车站停留的，按所在站停留线路对车辆的防溜办法采取防溜措施；在岔线、段管线停留的，由所属单位在《段细》内规定，涉及其他单位时须会签。路用列车在区间或施工作业中不得无动力停留或摘开机车。宿营车在临时铺设的线路上停留时，要切断与站内线路的连接，由使用单位负责防溜；宿营车在车站线路停留时，使用人力制动机、铁鞋、防溜枕木防溜。

3. 到达列车需摘开本务机车、机车将客车底送至到发线，摘开软管前，摘解人员须与司机确认自动制动机达到最大减压量（不得采用紧急制动排风），并确认停留车辆中 2 辆自动制动机处于制动状态。未摘解前，司机不得缓解车列。

4. 编组站、区段站到发线的到达车列（5 辆及以下除外）、列检作业后全列自动制动机保持制动状态的待发车体、出库客车底，停留在不超过 2.5‰坡道线路且停留时间不超过 60 min 时，不另采取防溜措施；其他情况拧紧两端车辆的人力制动机或以铁鞋（止轮器、防溜枕木）防溜，分组停留时，还须拧紧两端车组内侧车辆和中间车组两端车辆人力制动机（或以铁鞋）防溜。车站应在列检作业 15 min 后，方可排风摘管，由车站负责采取防溜措施。

5. 编组站、区段站的调车线、编发线停留车辆时，拧紧两端车辆的人力制动机或以铁鞋（止轮器、防溜枕木）防溜（驼峰侧、停车器侧除外）。驼峰侧、安装停车器的线路停车器侧是否采取防溜措施在《站细》内规定。平面溜放作业溜放线路向牵出线方向为上坡道，溜放车辆临时停留时，牵出线端可不采取防溜措施。

6. 货物线(包括到发线兼货物线的线路装卸作业时，以下同)、岔线、段管线与接发旅客列车进路上的线路无隔开设备或脱轨器，须拧紧衔接端外端车辆人力制动机，并以铁鞋和防溜枕木（或止轮器）防溜，非衔接端按规定采取防溜措施；与接发其他列车进路上的线路无隔开设备或脱轨器，衔接端使用人力制动机和铁鞋（止轮器、防溜枕木）防溜。线路内向衔接方向均为超过 2.5‰上坡道，可减少一道防溜措施。隔开设备日常须处于隔开状态，使用后立即恢复隔开状态。车辆靠端部站台停留时，该端可不采取防溜措施。

7. 中间站分组停留车辆时，两端车组外侧车辆按规定采取防溜措施，两端车组内侧车辆和中间车组两端车辆，拧紧人力制动机（或以铁鞋）防溜。中间站客车底出库送至到发线、旅客列车换挂机车时，产生的临时停留车辆，两端车辆以铁鞋防溜。其他情况一批调车作业中临时停留车辆，拧紧两端车辆的人力制动机，并以铁鞋防溜。

8. 列检作业期间的防溜由列检负责，需撤除车站已采取的防溜措施时，车辆部门需根据检修作业要求，采取安放铁鞋或拧紧车辆人力制动机的防溜措施，列检作业后须使车辆恢复到全列制动状态（不能恢复除外），并恢复原防溜措施，列检人员与车站进行防溜措施交接后方可离开。

9. 专运车辆挂上本列后、车列未挂机车前，防溜铁鞋须安放在距专运车辆后部约 2 m 处的适当地点，并指派专人现场看管，待机车挂妥后，由看管人负责撤除。

10. 动车所内动车组防溜办法：

（1）动车组无停放制动装置或停放制动装置故障，使用止轮器防溜。在检修、临修等库内停留时，由动车段派人防溜；在库外地点停留时，由司机负责进行防溜。

（2）采取公铁两用牵引车牵引动车组作业，是否使用止轮器防溜由动车段人员根据公铁两用牵引车制动力情况确定，具体办法由动车段自定。

（3）动车组在检修、临修等库内以外地点长期存放时，动车段派人在动车组两端使用防溜枕木进行防溜，出所端设置防溜铁鞋。有停放制动装置的动车组，司机负责将动车组处于停放制动状态。

11. 无动力回送机车在车站停留时，应按所在站对停留车的防溜办法采取防溜措施，并执行下列规定：

（1）回送机车单独停留，规定使用铁鞋或人力制动机防溜时，无论停留时间长短，一律使用机车配备的铁鞋防溜。遇回送机车未配备防溜铁鞋时，使用车站铁鞋。使用机车配备的防溜铁鞋防溜时，须标明位置，防溜揭示符号为"⊿机"。

（2）规定使用铁鞋和人力制动机防溜时，铁鞋的安撤及机车人力制动机拧紧或松开均由随车人员负责，由车站通知随车人员执行。

（3）回送机车与车辆连挂在一起并处于端部停留时，机车端使用机车配备的铁鞋防溜，并由车站人员拧紧相邻车辆的人力制动机。

（4）局管内出厂的无动力回送机车应配备适合本机车的防溜铁鞋，未配备不准办理过轨手续。

12. 由车站担当专用线、段管线取送车作业时，由车站作业人员负责采取防溜措施，每次专用线、段管线作业结束返回前，车站作业人员与专用线、段管线指定人员在《防溜交接簿》上办理防溜互签。车辆在岔线停留期间的防溜由所属企业负责；对岔线、段管线的防溜用具管理及车站取送车时的防溜办法，应纳入取送车安全协议，明确防溜措施和责任；段管线内的防溜办法由相关段按规定制定，并纳入《段细》。

13. 车站、岔线和段管线所属单位应分别配备数量足、质量好的防溜工具。防溜铁鞋应涂红色并编号，安装防盗铁链（调车场可不安装防盗铁链），根据需要设立防溜铁鞋箱，确定配备防溜铁鞋的数量，各单位制定使用、交接登记制度；一批调车作业中临时停留的车辆，使用铁鞋防溜时可不加锁（中间站到发线作业除外）；尽头式线路的末端应安装挡车器（设有端部站台时除外）。防溜工具交接，做到止轮地点、措施、数量清楚；一批作业未完、工具数量不符不得交接。接班人员应按分工对站内停留车防溜情况进行现场确认，发现问题，及时处理。使用或撤除防溜工具时，使用人将防溜措施采取或撤除情况，向负责人报告，并进行揭示，具体揭示办法由车站制定。要做到现场、揭示及工具存放状态一致。

14. 在设有接触网的线路上不宜使用人力制动机时，应以人力制动机紧固器代替。

15. 防溜措施应牢固可靠。使用铁鞋（止轮器）防溜时，鞋尖（止轮器）应紧贴车轮踏面，牢靠固定；使用防溜枕木防溜时，应在距停留车辆不大于 5 m 处放置。防溜枕木为贯通式，材质坚固，斜口夹角 30°、深 100 mm、宽 90 mm，对防溜枕木应加锁。

16. 采取和撤除防溜措施，必须明确分工、安撤时机、指定安撤人和联系办法，具体办法在《站（段）细》内规定。

17. 人力制动机故障的车辆或车组不能按规定采取防溜措施时，应与人力制动机作用良好的车辆连挂在一起，禁止单独停留。遇最外方人力制动机故障时，可顺延使用下一车辆人力制动机，车组两端仍须按规定采取防溜措施。中间站货物列车摘下人力制动机故障的车辆无其他车辆连挂时，经列车调度员准许，可将列车中其他人力制动机良好的车辆摘下连挂，不能摘下其他车辆时，不得摘车。各车辆段施修的各级修程车辆必须保证人力制动机配件齐全、作用良好；特、一级列检作业场应保证人力制动机配件齐全、无破损。

18. 遇有暴风雨雪等不良天气或位于大风地区的车站，应根据实际情况增加防溜措施。

19. 工务部门旧线复测后应将变化的车站平纵断面图提供给车站和机务段，由于施工等原因使线路坡度发生变化时，施工单位应及时向维修单位和车务站段、机务段等使用部门提供资料。对超过 2.5‰、6‰的线路变坡点由工务部门在钢轨上标注（正线、安全线、避难线走行线除外）

20. 车辆停留应遵守以下规定：

（1）中间站到发线不准停放闲置客车底。

（2）站内牵出线、道岔联动区、无岔区段和岔线的走行线上不准停留车辆(临时倒调除外)，特殊情况必须停留车辆进行装卸作业时，经铁路局批准，由货运人员负责监装卸，并应设立装卸地点标。

思 考 题

1. 什么是调车工作？
2. 调车工作是如何分类的？
3. 对调车作业人员的要求有哪些？
4. 调车工作的"九固定"是什么？
5. 调车工作的领导与指挥是如何规定的？
6. 调车对调车作业人员的要求有哪些？
7. 什么是变更调车作业计划？
8. 调车作业前有哪些准备工作？
9. 调车速度是如何规定的？
10. 什么是越出站界调车？
11. 什么是跟踪出站调车？

第三章 行车闭塞法

第一节 一般要求

为保证列车运行的安全，使同方向列车不致发生追尾冲突，对向列车不致发生迎面相撞，同时，在满足列车长度、速度、密度、制动力和信号显示距离等条件下提高铁路通过能力，将铁路正线分别用车站、线路所和自动闭塞区段的通过信号机（三者统称为分界点）划分为站间区间、所间区间和闭塞分区，作为列车运行的间隔。

保持列车间有一定间隔距离的办法有两种：① 时间间隔法，按一定的时间间隔开行列车，即第一列车发车后，经过一定的时间，再发出下一列列车；② 空间间隔法，按一定的空间间隔开行列车，即区间（或闭塞分区）内没有列车的时候，才准许驶入列车。在正常情况下，每个区间或闭塞分区在同一时间内，只准有一列列车占用，这可有效地保证列车运行的安全并提高通过能力。

一、区间及闭塞分区的界限

1. 站间区间

车站与车站间的线段称为站间区间。

（1）单线站间区间，以进站信号机机柱中心线为车站与区间的分界线，如图3.1所示。

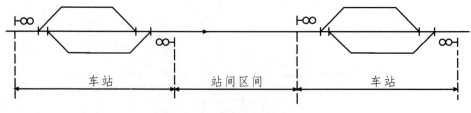

图 3.1 单线站间区间示意图

（2）双线或多线区间的各线上，分别以各该线的进站信号机机柱或站界标的中心线为车站与区间的分界线，如图3.2所示。

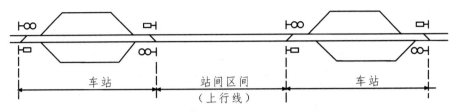

图 3.2　双线或多线站间区间示意图

2. 所间区间

两线路所间或线路所与车站间的线段称为所间区间。

（1）单线所间区间，以该线上通过信号机机柱的中心线为所间区间的分界线。设有进站信号机的线路所、所间区间的分界方法与站间区间相同。

① 无管辖地段的单线所间区间如图 3.3 所示。

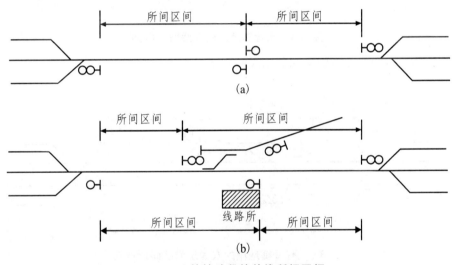

图 3.3　无管辖地段的单线所间区间

② 有管辖地段的单线所间区间如图 3.4 所示。

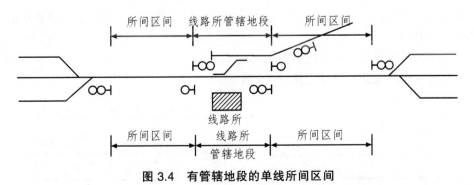

图 3.4　有管辖地段的单线所间区间

（2）双线所间区间，其划分方法与单线区间相同。

① 无管辖地段的双线所间区间如图3.5所示。

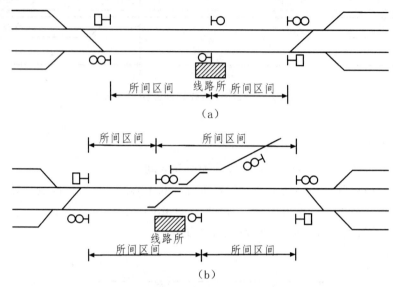

图 3.5　无管辖地段的双线所间区间

② 有管辖地段的双线所间区间如图3.6所示。

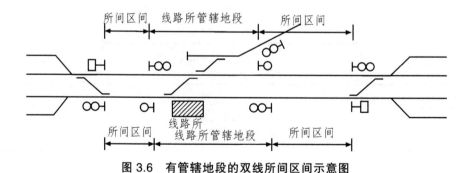

图 3.6　有管辖地段的双线所间区间示意图

3. 闭塞分区

自动闭塞区间同方向相邻的两架通过色灯信号机间，以该线上通过信号机机柱的中心线为闭塞分区的分界线。

（1）单线区间闭塞分区分界线如图3.7所示。

（2）双线区间闭塞分区分界线如图3.8所示。

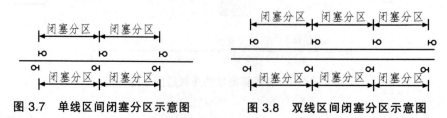

图 3.7　单线区间闭塞分区示意图　　　图 3.8　双线区间闭塞分区示意图

二、行车闭塞法及其作用

通过站间、所间、闭塞分区的设备或人为控制，以保证在一个区间或闭塞分区内同一时间只有一个列车占用，使列车与列车间保持一定距离的技术方法称为行车闭塞法。

用于办理行车闭塞，保证达到闭塞技术要求的设备称为闭塞设备。不同的行车闭塞设备形成了不同的闭塞方法，但都应起到保证列车运行安全、提高区间通过能力的作用。

三、行车闭塞法的种类及采用

我国铁路采用空间间隔法组织列车运行，各车站均应装设基本闭塞设备。行车基本闭塞法有自动闭塞和半自动闭塞两种，当基本闭塞设备不能使用时，根据列车调度员的命令，可采用代用闭塞法。

1. 基本闭塞法及采用

（1）双线区段应采用自动闭塞。若运量小、增长速度较慢或受其他条件限制时，可采用半自动闭塞。

（2）在单线区段宜采用半自动闭塞，运输繁忙时经过经济比较也可采用自动闭塞。

（3）一个区段原则上采用同一类型的闭塞方法。

2. 代用闭塞法——电话闭塞法

当基本闭塞设备发生故障或其他原因不能使用时，为维持列车运行，应采用代用闭塞法。电话闭塞就是根据列车调度员停止基本闭塞法改用电话闭塞的命令所采用的代用闭塞法。遇列车调度电话不通时，区间两端站的车站值班员确认区间空闲后，直接以电话记录办理。电话闭塞法没有电气控制，仅凭人为制度控制，因此，采用时必须严格办理手续。

《技规》规定：如在特殊情况下需要连续放行大量同方向列车时，如军事运输、紧急的救灾物资运输、双线区间一切电话中断时的行车等，由铁路局根据具体情况规定保证安全的措施后，方可采用这种行车方法。

四、行车制度中的发车权

闭塞过程是包括占用区间权利即发车权的取得、列车出发占用区间、列车由区间出清、区间重新空闲的全过程。在闭塞全过程中变更闭塞方式就会出现同一区间同一时间内使用两种闭塞法，将危及行车安全，酿成严重后果。虽然铁路区段条件不一，采用的行车闭塞法也不尽相同，但采用行车闭塞法的实质都是为了解决行车制度中的发车权问题。

在单线区间，区间两端站都有可能向该区间发出列车。为保证同一时间内、一个区间只有一个列车占用，发车站必须在确认区间空闲的条件下，取得相邻站同意接车的通知，并办理规定的闭塞手续，取得发车权后方可向区间发出列车。

双线区间的行车，采用上、下行列车分别固定在上、下行运行线路上运行的办法。

双线正方向运行时，由闭塞设备控制，发车权归发车站所有。发车站只要在确认区间空闲（自动闭塞区段，规定为第一、第二或第一闭塞分区空闲），收到前次列车到达通知后（自动闭塞除外），不必征得接车站同意，即可发出双线正方向运行的列车。

双线反方向运行的列车时，由于发车权为邻站所有，所以必须确认区间空闲，还须征得列车调度员的命令准许改变行车闭塞法，征得邻站同意接车并办理电话闭塞手续取得发车权后，方可发出反方向运行的列车。

第二节　半自动闭塞

半自动闭塞将出站信号机与闭塞机和列车进路纳入联锁，以开放的出站或通过信号机作为列车占用区间的凭证。出站信号机只能在站间区间或所间区间办理闭塞后才能开放；当出发的列车进入出站方面的轨道电路区段后，出站信号机自动关闭；出发的列车没有整列到达接车站之前，发车站和接车站向该区间的任何一架出站信号机都不能再开放（双线区段为发车站的任何一架出站信号机都不能再开放），从而保证一个区间在同一时间内只有一个列车运行。

一、半自动闭塞设备的使用特点

1. 开放出站信号机前

（1）双线区段必须得到前次列车到达前方站的到达信号。

（2）单线区段必须得到接车站的同意闭塞信号。

2. 进路的解锁

（1）非集中联锁的车站，出发列车头部压上发车轨道电路后，出站信号机自动关闭，但发车进路只有当列车全部进入发车轨道电路区段后，才能由人工办理解锁。

（2）集中联锁的车站，出发列车头部压上发车轨道电路后，出站信号机自动关闭；当列车全部越过道岔区段轨道电路后，发车进路自动解锁。

3. 预办设备

为提高运输效率，单线区间车站可装设预办设备。设有预办设备的单线区间，对方站发出列车占用区间后，可预办折返手续。办理预办手续后，列车到达车站，车站值班员办理到达复原时，接车站即转为发车站，发车站即转为接车站。使用预办设备缩短了办理闭塞的时间，提高了效率。但在已同意对方站跟踪出站调车，未得到对方站调车作业完毕的通知时，禁止使用预办设备。为加大行车安全系数，加强对列车到达的确认，多数的半自动闭塞车站已拆除了预办设备。

4. 轨道电路的设置

在电锁器联锁的车站，只在进站信号机（或站界标）内方设一段不小于 25 m 的接发车轨道电路，如图 3.9 所示。在集中联锁的车站，仅用进站信号机内方（或出站方面）的无岔区段作为半自动闭塞的轨道电路。列车压上该轨道电路时，车站闭塞机上的有关接、发车表示灯起变化，以此监督列车的出发或到达。

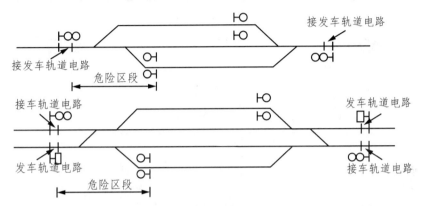

图 3.9　半自动闭塞区段电锁器联锁的车站轨道电路示意图

半自动闭塞的区间不设轨道电路，接车表示灯与发车表示灯仅表示列车的到达与出发，闭塞设备不能完整反映区间的空闲情况，必须由接车人员确认列车整列到达判断区间空闲后，方可开通区间。

在个别能力紧张的单线区间，通过采用计轴设备或增设区间轨道电路等方式确认区间空闲，来保证行车安全，提高区间通过能力。

二、列车占用区间凭证

1. 正常情况下的行车凭证

在正常情况下，行车凭证为出站信号机或线路所通过信号机显示的允许运行信号，即色灯信号机显示的绿色灯光或黄色灯光。

开放出站信号机或通过信号机前，双线区段必须得到前次列车到达前方站的到达信号；单线区段必须得到接车站的同意闭塞信号。

发车站办理闭塞手续后，列车不能出发时，应将事由通知接车站，取消闭塞。

2. 特殊情况下的行车凭证

超长列车头部越过出站信号机而未压上出站方向的轨道电路时，在办理闭塞手续（或收到前次列车到达信号）后，仍能开放出站信号机，但司机无法确认出站信号机的显示状态。此时，列车占用区间的行车凭证为出站信号机显示的进行信号，还须发给司机准许列车头部越过出站信号机发车的调度命令；遇发车进路信号机故障或超长列车头部越过发车进路信号机发车时，列车越过发车进路信号机的行车凭证为半自动闭塞发车进路通知书。

三、办理程序

（一）单线半自动闭塞

64D 型继电半自动闭塞设备的控制台如图 3.10 所示。

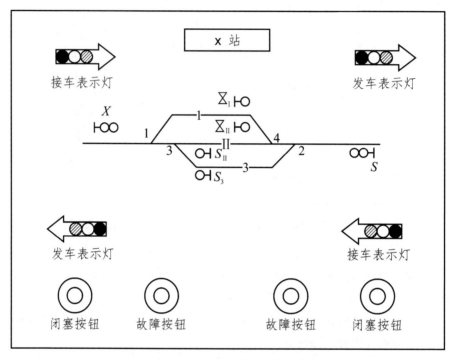

图 3.10　单线半自动闭塞车站控制台示意图

1. 办理闭塞

办理闭塞的简要程序见表 3.1。

表 3.1　办理单线半自动闭塞简要程序表

发　车　站	接　车　站
1. 车站值班员用闭塞电话向接车站请求发车	
	2. 车站值班员同意接车
3. 按下闭塞按钮，发车表示灯亮黄灯，电铃鸣响	
	4. 接车表示灯亮黄灯，电铃鸣响
	5. 按一下闭塞按钮，接车表示灯变为亮绿灯
6. 发车表示灯变为亮绿灯，电铃鸣响。车站值班员在发车进路准备妥当后开放出站信号机	
7. 列车出发进入发车轨道电路区段，出站信号机自动关闭，发车表示灯变为亮红灯	

续表 3.1

发　车　站	接　车　站
	8. 接车表示灯亮红灯，电铃鸣响，在进路准备妥当后，开放进站信号机
	9. 列车进入接车轨道电路区段，接车表示灯和发车表示灯均亮红灯
	10. 确认列车整列到达后，关闭进站信号机，拉出闭塞按钮，接车表示灯和发车表示灯均熄灭
11. 发车表示灯红灯熄灭，电铃鸣响	
	12. 通知邻站列车到达时刻

2. 取消闭塞

（1）出站信号机开放前，发车站已按下闭塞按钮，两端站表示灯亮黄灯时，或接车站同意接车，已按下闭塞按钮，两站表示灯亮绿灯但发车站未开放出站信号机时，只要发车站拉出闭塞按钮（或按下复原按钮），两端站闭塞表示灯均熄灭，闭塞机复原。

（2）出站信号机开放后，经两端站联系，确认列车未出发，发车站关闭出站信号机，集中联锁的车站，拉出闭塞按钮（或按下复原按钮），闭塞机复原。

3. 事故复原

半自动闭塞区间使用故障按钮时，必须取得列车调度员的调度命令准许后，方可启开故障按钮铅封，办理事故复原，并在《行车设备检查登记簿》内登记。应严格执行使用故障按钮的办理手续，在故障按钮与闭塞设备无联锁的情况下，保证列车运行安全。

（1）电锁器联锁的车站开放出站信号机后，不允许随意取消闭塞。如有特殊原因必须取消闭塞时，需使用故障按钮办理复原。

电锁器联锁的车站从出站信号机至半自动闭塞接发车轨道电路之间有一较长的无联锁区段，称为"危险区段"。列车出发后，在头部越过出站信号机而未到达半自动闭塞的接发车轨道电路区段时，如果车站值班员错误地取消闭塞后而办理其他列车闭塞，容易造成重大行车事故。

（2）列车到达后，因轨道电路故障不能办理到达复原时，接车站和发车站联系共同确认列车整列到达后，依据列车调度员的调度命令，由接车站值班员用故障按钮办理事故复原。

（3）闭塞设备停电后恢复供电时，闭塞设备呈闭塞状态，在确认区间空闲后，由任一端车站请求，列车调度员发布命令准许后登记、破封，使用故障按钮事故复原。

（二）双线半自动闭塞

64F 型继电半自动闭塞设备控制台如图 3.11 所示。

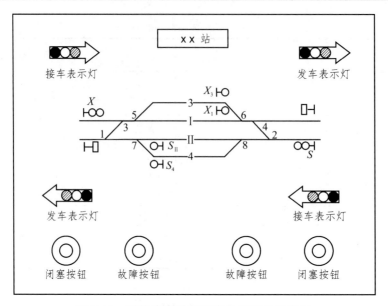

图 3.11   双线半自动闭塞车站控制台示意图

1. 办理闭塞

图 3.11 为双线半自动闭塞设备的控制台，办理闭塞的简要程序见表 3.2。

表 3.2   办理双线半自动闭塞简要程序表

发　　　车　　　站	接　　　车　　　站
1. 车站值班员确认发车表示灯灭灯，向接车站预告发车	
2. 车站值班员开放出站信号机，发车表示灯亮绿灯	
3. 列车出发进入发车轨道电路区段，发车表示灯亮红灯	
	4. 接车表示灯亮红灯，电铃鸣响，在进路准备妥当后开放进站信号机
	5. 列车进入接车轨道电路区段，接车表示灯亮黄灯，电铃鸣响
6. 发车表示灯亮黄灯	
	7. 确认列车整列到达，车站值班员发送到达复原信号，拉一下闭塞按钮，接车表示灯黄灯熄灭
8. 发车表示灯黄灯熄灭	

2. 取消闭塞

集中联锁的车站开放出站信号机后需取消闭塞时，经双方站联系后，确认列车未出发，先关闭出站信号机，再按（拉）闭塞按钮，发车表示灯熄灭，闭塞机复原。

3. 事故复原

使用事故复原时，须根据列车调度员的调度命令办理。

（1）电锁器联锁的车站开放出站信号机后需取消闭塞时，确认列车未出发后，先关闭出站信号机。按一下闭塞按钮，使发车表示灯亮黄灯，然后通知接车站。由接车站登记破封，拉出（或按压）故障按钮，接车站表示灯和发车站发车表示灯均亮黄灯。再由接车站拉出（或按压）闭塞按钮，两站表示灯黄灯均熄灭，闭塞机复原。

（2）闭塞机停电后恢复供电或因轨道电路故障等原因而引起闭塞机不能正常复原时，经双方站确认区间空闲后，由接车站登记破封，拉出（或按压）故障按钮，使接、发车站的接、发车表示灯均亮黄灯。然后，再由接车站拉出（或按压）闭塞按钮，两端站的表示灯均灭灯，闭塞机复原。

使用控制台故障按钮对衔接区间的接发车轨道电路施行解锁时，稍不注意就会导致事故安全隐患很大。车站值班员在使用故障按钮时，必须严格遵守有关规定。

第三节　自动闭塞

在自动闭塞区段，通过信号机将一个站间区间划分为若干个闭塞分区，由装在每个闭塞分区始端的通过信号机对闭塞分区进行防护，列车以闭塞分区为间隔按追踪方式运行，列车在运行中自动完成闭塞作用。由于每个闭塞分区都设有轨道电路，从而能反映出列车占用或线路发生断轨等情况；通过色灯信号机在列车占用或出清闭塞分区时，能自动地转换显示，指示追踪列车的运行条件。因此，采用自动闭塞法组织行车，可以增加列车密度、提高区间通过能力，防护闭塞分区的通过信号机自动地显示停车信号，反映机车、车辆占用或钢轨折断情况，保证列车在区间的运行安全。

一、自动闭塞（三显示）设备的使用特点

（1）自动闭塞区段的车站控制台上有邻近车站的两个闭塞分区占用情况表示灯，称为第一接近、第二接近和第一离去、第二离去。当列车进入第一接近或第二接近区段时，电铃发出短时间音响信号，接近表示灯亮，提醒车站值班员注意，准备接车。出站信号机的开放受第一离去和第二离去分区占用情况的限制，车站值班员在开放出站信号机前，须确认第一离去和第二离去的空闲情况。

（2）双线自动闭塞区段的车站发车时，车站值班员不需办理闭塞手续，发车进路准备妥当后，从控制台上确认第一离去及第二离去的空闲情况，符合发车条件时即可开放出站信号机发车。为便于接车站做好接车准备，还应向接车站通报列车车次、出发时刻及有关注意事项。

（3）单线自动闭塞区段上的发车方向一经确定，为保证列车运行秩序或重要列车的运行，车站值班员在转换发车方向之前，除确认站间区间空闲外，还须得到列车调度员准许，方可办理转换手续。

　　按下发车按钮，该运行方向的通过信号机亮灯，同时发车方向表示灯及接车站的接车表示灯亮灯，车站值班员即可开放出站信号机发车。列车到达后，接车站的接车表示灯和发车站的发车表示灯熄灭，区间空闲。

　　（4）在自动闭塞区段，车站的进站和出站信号机的开放，仍需由车站值班员在控制台上操纵。

　　装有自动按钮的车站在连续运行通过列车时，可以将进路开通正线并开放出站信号机和进站信号机后，再把控制台上的自动按钮按下，则进站、出站信号机均纳入自动闭塞系统，其作用和各闭塞分区的通过信号机相同。

二、列车进入（三显示）自动闭塞分区的行车凭证

（一）正常情况

　　在正常情况下，列车进入闭塞分区的行车凭证为出站或通过信号机显示的进行信号，列车可凭显示的黄色或绿色灯光进入空闲的闭塞分区。

　　由于旅客列车的运行速度比其他列车高，为确保旅客列车的绝对安全，旅客列车及跟随旅客列车后面在车站通过的列车必须在出站信号机显示绿色灯光的条件下方准从车站出发或通过，保证客运列车与前行列车、后续列车在车站出发时保持至少有两个闭塞分区的间隔。跟随旅客列车在车站始发或停车后再开的非客运列车，可凭出站信号机的黄色灯光开车。由于列车的起动、加速等过程，同样可以达到与旅客列车保持两个闭塞分区的间隔。

（二）特殊情况

　　特殊情况下，列车进入第一闭塞分区的凭证见表3.3。

表 3.3　特殊情况下列车进入第一闭塞分区凭证表（《技规》第 32 表）

列车出发情况	行车凭证	发给行车凭证的依据	附带条件
1.出站信号机故障时发出列车 2.由未设出站信号机的线路上发出列车 3.超长列车头部越过出站信号机发出列车	绿色许可证（附件2）	1.监督器表示第一个闭塞分区空闲，不表示时为接到前次列车到达邻站的通知或前次列车发出后不少于10 min 的时间 2.确认道岔位置正确及进路空闲 3.单线须取得对方站确认区间内无迎面列车的电话记录号码	从监督器上不能确认第一个闭塞分区空闲时，车站应发给司机书面通知（附件8），司机以在瞭望距离内能随时停车的速度，最高不超过 20 km/h，运行到第一架通过信号机，按其显示的要求执行

续表 3.3

列车出发情况	行车凭证	发给行车凭证的依据	附带条件
4.发车进路信号机发生故障时发出列车	绿色许可证（附件2）	确认道岔位置正确及进路空闲	列车到达次一信号机按其显示的要求执行
5.超长列车头部越过发车进路信号机发出列车			
6.自动闭塞作用良好，监督器故障时发出列车	出站信号机显示的允许运行的信号		与邻站车站值班员及本站信号员联系
7.双线双向闭塞设备的车站，反方向发出列车		1. 区间占用表示灯表示区间空闲 2. 双线反方向行车的调度命令	反方向发车进路表示器显示正确（进路表示器故障时通知司机）

注：在四显示区段，因设备不同，执行上述条款困难的，可按铁路局规定办理。

（1）绿色许可证的使用。

绿色许可证是自动闭塞区段的特殊行车凭证，当出发列车不能或无法取得出站或发车进路信号机的正常显示时，发给列车绿色许可证，允许列车占用第一闭塞分区；列车进入第一闭塞分区以后的运行，仍按其运行前方通过信号机的显示要求执行。绿色许可证的格式如图3.12 所示。

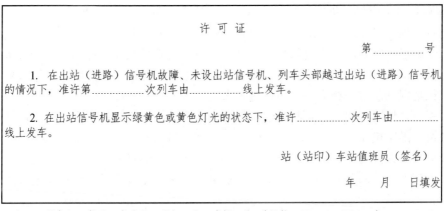

注：1. 绿色纸，复写一式两份，司机一份，存根一份；（规格：90 mm×130 mm）。
　　2. 不用的字句抹消。

图 3.12　绿色许可证

为确保行车安全，填发绿色许可证须具备下列条件和要求：

① 当监督器作用良好时，确认两个闭塞分区空闲或第一闭塞分区空闲，根据不同列车对闭塞分区空闲的要求填发绿色许可证。

② 当监督器不表示闭塞分区空闲情况时，无论何种列车均应在接到前次列车到达邻站

的通知或前次列车出发后不少于 10 min 的时间填发绿色许可证，以保证前行列车临时停车有必要的作业时间。

当监督器不表示第一闭塞分区空闲时，还应书面通知司机，以瞭望距离内能随时停车的速度（最高不超过 20 km/h）运行到第一通过信号机，按其显示要求执行，提示司机前方闭塞分区可能有车或断轨，以确保列车运行安全。

在单线区间，除按上述规定办理外，还须得到对方站确认区间无迎面列车的电话记录。

（2）监督器表示不正常时的处理。

车站值班员在接发列车工作中应随时注意监督器的状态，发现监督器表示不正常时应采取相应措施。

① 车站接车时，列车超过规定运行时分尚未到达，或接近表示灯超过所需时分不灭灯，应立即通知发车站转告进入该区间的列车注意运行，防止追尾。在未判明原因前，还应通知本站向该区间出发的列车司机注意运行并查明列车运行情况，同时报告前方站，以防止列车被迫停车后妨碍邻线而发生冲突。

② 车站未发出列车而邻站有列车开来时，若发生接近表示灯着灯超过所需时分而不灭灯，同时远离表示灯着灯时，车站值班员在未判明原因前不应再发出列车，并将情况通知邻站。

③ 本站发出列车后，邻站无列车开来，若发生远离表示灯超过时分不灭灯，同时接近表示灯着灯时，车站值班员在未判明原因前不应再发出列车，并应将情况通知邻站。

三、列车在区间运行

1. 通过色灯信号机显示停车信号（包括显示不明或灯光熄灭）时的行车要求

通过色灯信号机显示红色灯光的原因有：前方闭塞分区有列车或机车、车辆占用，钢轨折断、轨道电路短路，次一通过信号机红灯灯泡断丝引起灯光转移显示，信号设备故障等。为了不打乱运行秩序，除司机确认或通过无线调度电话联系得知前方闭塞分区有列车不能进入外，其他情况则制定了相应的列车运行要求。

（1）遇上述情况，列车必须在该通过信号机前停车，司机应使用列车无线调度电话通知车辆乘务员（随车机械师）。停车等候 2 min，该信号机仍未显示进行信号时，列车可以遇到阻碍能随时停车的速度继续运行最高不超过 20 km/h，运行到次一通过信号机，按其显示要求运行。在停车等候的同时，必须与车站值班员、列车调度员联系，如确认前方闭塞分区内有列车时，不得进入。

（2）装有容许信号的通过信号机显示停车信号时，即通过信号机显示红色灯光、容许信号显示蓝色灯光，准许铁路局规定停车后起动困难的货物列车，在该信号机前不停车，以不超过 20 km/h 的速度通过该信号机。当容许信号灯光熄灭或容许信号和通过信号机均灭灯时，司机在确认信号机装有容许信号时，仍按上述速度通过信号机。

（3）装有连续式机车信号的机车，遇通过信号机灯光熄灭而机车信号显示进行信号时，说明并不是前方闭塞分区被占用或线路发生故障等，而往往是信号机灯泡断丝或松动，不危及列车运行安全，列车应按机车信号的显示运行。

（4）司机发现通过信号机发生故障时，应将该信号机的号码通知前方站（列车调度员），以便转告信号工区及时维修，保证设备的正常使用。车站值班员（列车调度员）发现或得到区间通过信号机故障的报告后，在故障修复前，对尚未进入区间的后续列车，改按站间组织行车。

2. 自动闭塞改按站间区间掌握行车

未装设机车信号或运行途中机车信号发生临时故障的列车，在自动闭塞区段，列车调度员接到车站或列车司机报告天气恶劣难以辨认信号时，应改按站间区间掌握行车。天气好转时，应及时报告列车调度员，恢复正常行车。

按站间区间掌握行车，即在同一时间内，该站间区间只能有一个列车占用，车站在收到前次列车到达通知后，方可开放出站信号机发出次一列车。司机在区间仍按通过信号机的显示要求运行。

按站间区间掌握行车不改变闭塞方式，可防止因天气不良难以辨认信号而造成的追尾事故，又能较少地影响通过能力。

3. 其他要求

列车原则上应按左侧单方向运行，但在整理列车运行时，可使列车反方向运行。但客运列车仅在正方向区间的线路封锁施工、发生自然灾害或因事故中断行车等特殊情况下，经铁路局调度中心主任准许方可反方向运行。

四、四显示自动闭塞

为满足列车运行速度、密度和区间通过能力的需要，保证不同速度等级列车运行和制动的安全，在我国主要干线和广深铁路等逐步开通使用了四显示自动闭塞设备。

（一）四显示自动闭塞的特点

（1）四显示自动闭塞，区间通过信号机和进站、出站、进路信号机可显示一个绿色灯光、一个绿色灯光和一个黄色灯光（以下简称绿黄）、一个黄色灯光、一个红色灯光四种灯光信号。进站（含反方向进站）、接车进路信号机还能显示两个黄色灯光。进站、接车进路信号机附设有引导信号，出站、发车进路、接车进路信号机附设有调车信号。停车后起动困难的通过信号机装有容许信号（反方向为容许信号标）。

（2）线路闭塞设备为双线双方向四显示自动闭塞制式。车站设有正、反方向的进站、出站信号机，反方向进站信号机设在反方向运行线路的右侧（设在其他位置须经铁路局批准）。这样可以明显区分正、反方向运行的信号显示，以便司机掌握列车运行条件。

① 车站出站信号机设进路表示器。当出站信号机在开放状态时，左侧白色灯光点亮表示开通双线区间正方向线路；右侧白色灯光点亮表示开通双线区间反方向线路。车站的一端同多条线路贯通过，进路表示器按线路出站方向排列顺序对应排列，各白色灯光分别表示向对应的线路开通。

② 四显示自动闭塞区段的车站控制台一般设接近表示灯三个、离去表示灯三个。

闭塞分区占用时，其对应的接近或离去表示灯亮红灯，不占用时不亮灯，以使车站值班员确认邻近闭塞分区空闲情况，根据列车性质及运行情况所需要的分区空闲条件开放出站信号机，发出列车。

（3）装设列车速度监督设备时，当列车运行速度超过速度监督设备的规定速度时自动迫使列车停车，如图 3.13 所示。

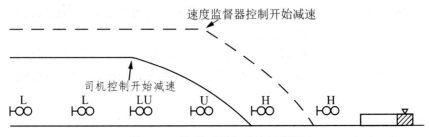

图 3.13　四显示列车减速示意图

① 四显示机车信号速度监督分为客运机车型和货运机车型。列车在四显示自动闭塞区段行车（包括反方向运行）时，四显示机车信号自动显示底色光和表示速度的数（字）码，指示列车运行。

② 在正、反方向进站信号机外方 380 m 处和站内到发线中部安装点式设备，其作用是：对装有四显示机车信号的第一位机车起速度监控作用（进站或出站信号机开放时除外）；当列车出站变更正反方向线路（包括有三条区间正线的相互变更）行车时或机车出段（折返）牵引始发列车时，进站信号机外的点式设备对装有四显示机车信号的第一位机车起转换正、反方向线路载频的作用或接通机车信号的作用；四显示自动闭塞区段与非四显示自动闭塞区段分界点的点式设备还起开、关车上四显示机车信号的作用（对装有四显示机车信号机和电化移频机车信号两套设备的第一位机车进、出四显示自动闭塞区段时可以自动切换机车信号）。

点式设备不是故障导向安全的设备。一旦发生电缆混线或列车接近瞬间发送器、发送环线等故障时，都可能使点式设备失去应有的作用。

任一闭塞分区长度能满足列车按速度监督要求分级减速的制动距离的需要，分区长度点式设备安装地点的线路两侧设有点式设备标志，它是涂有黄底色、黑框的反光直角三角形板及黑白相间的立柱标志，三角形底角指向线路点式环线中心，如图 3.14 所示。

图 3.14　点式设备标志示意图

（4）相邻两个闭塞分区长度之和能满足列车从最高速度实施停车的制动距离的需要。一般为 600 ~ 1 000 m，如图 3.15 所示。

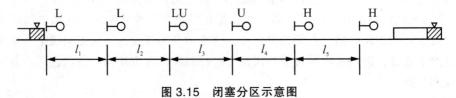

图 3.15　闭塞分区示意图

（5）设红灯保护区，即列车在区间正方向运行时，列车尾部后方连续两架通过（含出站）信号机显示红色灯光。

列车在区间正、反方向运行时，四显示机车信号均具有地面闭塞分区追踪序列的显示和红灯保护区条件。

（6）进站信号机未开放时，其外方连续两架通过信号机显示黄色灯光。

（7）区间通过信号机双断丝灭灯时，向前方第一架信号机转移黄灯；区间断轨或发生短路时，向前方两架信号机转移红灯；正向进站信号机红灯双断丝灭灯或显示红灯而其防冒进的点式设备故障时，向预告信号机转移红灯。反方向进站信号机红灯双断丝灭灯或点红灯而其防冒进点式设备故障时，无灯光转移，只有电码转移。

（8）在四显示自动闭塞区段，UM71 无绝缘轨道电路设有 26 m 的电气调谐区，ZPW-2000A 设有 29 m 的电气调谐区，构成电气绝缘节。在调谐区内存在轨道电路"死区段"，在"死区段"内失去对轮对占用的检查。为防止小车停留在调谐区内，在调谐区外 1 m 处信号机同侧为逆向运行而设置标志牌，规定在信号机和标志牌内不允许停车。

（二）行车凭证

（1）列车由车站进入闭塞分区的行车凭证。

① 在正常情况下，列车由车站进入闭塞分区的行车凭证为出站或通过信号机的黄色灯光、绿黄色灯光、绿色灯光，旅客列车及跟随旅客列车后面通过的列车为出站信号机的绿黄色灯光或绿色灯光；特快旅客列车由车站通过时为出站信号机的绿色灯光。

② 反方向运行时，暂按站间区间掌握行车。

（2）特殊情况下出发列车进入闭塞分区的行车凭证见表 3.3。

（3）列车调度员接到车站值班员或司机报告天气不良，瞭望距离不足 200 m 时，应发布调度命令通知车站、司机按下述规定办理：

① 机车三项设备良好时，仍按自动闭塞法行车。

② 无四显示机车信号或四显示机车信号故障的列车改按站间区间掌握行车。

第四节　电话闭塞

一、电话闭塞的定义与特点

电话闭塞是当基本闭塞设备不能使用时，为维持列车运行，由两端站（线路所）车站值班员利用站间行车电话以发出电话记录号码的方式，达到区间内只有一个列车运行的目的所采用的代用闭塞法。

采用电话闭塞时，不论单线或双线均按站间区间办理。电话闭塞没有电气设备控制，凭借《行车日志》、电话记录号和有关作业程序卡制度来保证闭塞作用，必须严格执行规定程序，加强现场作业的卡控。在停用基本闭塞法改按电话闭塞法或恢复基本闭塞法时，均须得到列车调度员的命令并确认区间空闲。

二、电话闭塞法的使用时机

遇下列情况，应停止使用基本闭塞法改用电话闭塞法行车：

（1）基本闭塞设备发生故障时。

① 自动闭塞设备发生故障或停电（包括区间内两架及其以上通过信号机故障或灯光熄灭及一架通过信号机故障引起两架通过信号机显示红灯）时。

沈阳铁路局《行车组织规则》自动闭塞区间仅设一架通过信号机不能使用时或未设通过信号机的规定

根据《技规》第 246、250 条补充规定：

自动闭塞区间仅设一架通过信号机不能使用时或未设通过信号机，车站出站信号机不能使用时，均应停止使用基本闭塞法，改用电话闭塞法行车，列车占用区间的行车凭证为路票。

② 半自动闭塞设备发生故障，如出站轨道电路故障、出站信号机故障、闭塞机故障。

（2）发出挂有由区间返回后部补机的列车时，或自动闭塞区间发出由区间返回的列车时。

（3）无双向闭塞设备的双线区间反方向发车或改按单线行车时。

双线区间无反方向闭塞设备组织反方向行车时，只能改按电话闭塞法行车。

（4）自动站间闭塞、半自动闭塞区间，由未设出站信号机的线路上发车，或超长列车头部越过出站信号机并压上出站方面轨道电路发车时。

① 发出须由区间返回的列车时，因列车虽能压上出站方面的轨道电路，而不能压上接车站的接车轨道电路，闭塞机不能正常复原。所以，不论车站是否设有钥匙签（牌），均应改用电话闭塞法行车。

② 由未设出站信号机的线路发车时，虽能办理闭塞，但列车无法取得半自动闭塞占用区间的行车凭证，亦应改用电话闭塞法行车。

③ 超长列车头部越过出站信号机并压上出站方向轨道电路时，既不能办理闭塞，也开放不了出站信号机，亦须改用电话闭塞法行车。

（5）其他情况。

在自动闭塞、半自动闭塞区间，夜间或遇降雾、暴风雨雪天气时，为消除线路故障或执行特殊任务，开行轻型车辆时按列车办理，并改按电话闭塞法行车。

因在以上区间运行的轻型车辆装有绝缘车轴，按列车办理时轨道电路不起作用，因此基本闭塞设备也不能使用。

自动站间闭塞设备故障，半自动闭塞设备良好时，可根据调度命令改按半自动闭塞法行车。

三、占用区间的行车凭证

1. 行车凭证

采用电话闭塞法行车时，列车占用区间的行车凭证不论单线或双线均为路票。路票的格式如图 3.16 所示。

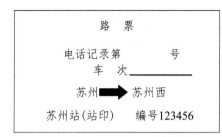

图 3.16　路　票

注:1. 路票为预先印好区间(即站名)和编号的硬卡片;(规格 75mm×88mm)
2. 加盖副字戳记者,为路票副页

当挂有由区间返回的后部补机时,另发给补机司机路票副页,作为由区间返回发车站的行车凭证。路票副页即为加盖副字戳记的同次列车的路票。补机返回地点、车次在调度命令中说明。

　　2. 填发路票的根据

　　(1) 单线或双线反方向发车(正方向首列发车)时,须查明区间空闲,并取得接车站承认闭塞的电话记录号码,在发车进路准备妥当后,方可填发路票。

　　(2) 双线正方向发车时,根据收到的前次发出的列车到达电话记录号码,在发车进路准备妥当后,方可填发路票。发出第一趟列车时,发车站根据接车站发出的承认闭塞的电话记录号码填发路票。

　　按电话闭塞法行车时,发车(通过)进路准备妥当与否是路票填发交付前的关键环节之一。《技规》明确规定了填写路票的前提条件是:① 查明区间空闲;② 取得接车站承认(电话记录);③ 发车进路准备妥当,即"先准备进路,后填写路票"。

　　近年来,全路发生了多起因忙于填写路票,且又盲目交付,疏漏、忘记准备发车(通过)进路,而造成"未准备好进路发车"的险性事故。

　　【例3-1】××年×月×日×分,因电务设备临时故障,×站至××站间停用基本闭塞改用电话闭塞法行车。×站值班员在办理685次1道发车时,忙于抄收命令、填写路票,却疏漏作业程序,未准备11685次发车进路,盲目通知助理发车,列车出站时挤坏2号道岔,构成"未准备好进路发车"的险性事故。

　　【例3-2】××年×月×日,22176次计划在××站Ⅱ道通过。当该站与前方站办理闭塞时,前方站1号道岔故障,致使两站间停止半自动闭塞改用电话闭塞法行车。该值班员未排列Ⅱ道发车进路,即盲目将路票交给助理,助理亦未确认进路即盲目出场接车19时41分,22176次在该站Ⅱ道挤坏12号道岔通过,构成"未准备好进路发车"的险性事故。

四、电话记录号码

　　电话记录是采用电话闭塞法行车时,区间两端站办理行车闭塞事项的记录。车站在发出电话记录的同时,还要编以号码,以明确办理的事项和责任,并将电话记录号码登记在《行车日志》内,作为办理电话闭塞手续的依据,因此不可遗漏。

办理电话闭塞时下列各项应发出电话记录号码，并记入《行车日志》：

（1）承认闭塞。

（2）列车到达，补机返回。

（3）取消闭塞。

（4）单线或双线反方向越出站界调车。

电话记录号码自每日零时起至 24 时止按日循环编号。编号方法由铁路局规定，可采用顺序编号或密码式编号，一个车站同一日内不应重复使用同一号码。

五、电话闭塞的办理

（1）办理电话闭塞应执行 TB/T 15000.6—2009。

（2）《行车日志》的填记。

《行车日志》是车站记载列车运行情况的原始资料，它可以记载列车到发时刻，作为填记货车出入登记簿（运统 4）的依据；记载列车运行实际情况，作为向分局或铁路局列车调度员报告的资料；作为确认区间是否空闲的依据。

六、路票的填写

路票应由车站值班员亲自填写，由助理值班员核对。当车站值班员业务繁忙，或车站值班员室距助理值班员室较远时，根据《站细》规定，可由指定的助理值班员填写。填写后的路票，车站值班员应根据《行车日志》的记载进行认真检查；由助理值班员填写的路票，应通过电话与车站值班员进行核对，确认无误并加盖站名印后，方可送交司机。

在未得到电话记录号码前不得预先填写路票。因特殊原因停止发车时，应及时收回已送交的路票。填写的路票字迹应清晰，不得涂改；当填写错误时，应在路票上划"×"注销，重新填写。

七、路票的注销处理

对使用完毕、填写时发生差错或临时变更车次等情况而发生的废止路票，车站（线路所）值班员必须立即将其划"×"注销，不得延误，以防废票肇事。

【例3-3】××年××月×日，21时56分××站因停电停止使用基本闭塞法，改用电话闭塞法行车。车站值班员××对到达的11023次下行列车路票未及时划"×"注销，在办理42086次上行列车通过时，错将原下行到达的11023次废止路票架入自动授受架传递，被42086次司机发现后站内临时停车处理，构成"错交行车凭证耽误列车"的行车事故。

因此，车站（线路所）值班员均应引以为戒，对废止路票必须立即划"×"注销，以避免延误、遗忘、混淆而发生问题。注销的作废路票的保存期限，应按沈阳铁路局《行规》第83条规定，按月为单位保管一个月。

第五节　一切电话中断时的行车

电话联络是行车工作的重要条件，车站在办理闭塞和接发列车时，都要通过电话与邻站及列车调度员进行联系。由于自然灾害和其他原因，造成行车室内的电话（包括站间闭塞电话、列车调度电话及各站电话）全部中断时，即为一切电话中断。半自动闭塞设备由于电路的特点，在电话中断时闭塞设备同时不能使用。当车站与邻站的电话中断，又得不到列车调度员的指示时，为不中断行车，须采用特殊的行车办法。另外，无线电话通话虽然在行车工作中已经使用很普遍，但是行车的工种、人员很多，存在着不安全因素，也没有使用无线电话办理闭塞的规则，为此，一切电话中断不包括无线电话。

一、一切电话中断的行车

1. 行车办法及凭证

（1）在自动闭塞区间电话中断，如闭塞作用良好时，列车运行仍按自动闭塞法行车。

一般在自动闭塞区间两站不用办理闭塞，电话联系仅是有关事项。一切电话中断时，车站值班员从监督器上仍能确认列车是否出清第一、第二闭塞分区，区间内通过色灯信号机仍能保证列车运行安全所需的间隔。但为站车及时联系，此时列车必须在车站停车，说明车次、注意事项等。列车无线调度电话作用良好时，可通过列车无线调度电话车站与列车司机直接联系，列车在车站可不停车。

（2）单线区间按书面联络法行车，单线区间上、下行列车均在同一条区间正线上交替运行，一切电话中断后，区间两端站利用往返运行的列车采用书面联络法，确定列车进入区间的顺序。

（3）双线区间按时间间隔法行车。双线区间上、下行列车分别按正方向运行，一切电话中断后，区间两端站只准发出正方向列车，按时间间隔法运行，保持列车运行的安全间隔。

（4）列车按书面联络法或按时间间隔法运行时，进入区间的行车凭证均为红色许可证，其格式如图3.17所示，内容包括占用区间凭证、进行书面联络的通知书以及提醒司机的注意事项。

```
┌─────────────────────────────────────────────────────────────┐
│                  许 可 证              第＿＿＿＿＿号          │
│                                                               │
│   现在一切电话中断，准许第＿＿＿次列车自＿＿＿站至＿＿＿站，本列  │
│                                                     已         │
│                                                               │
│ 车前于＿＿＿时＿＿＿分发出的第＿＿＿次列车，邻站到达通知  收到。 │
│                                                               │
│                                                     未         │
│                                                               │
│                    通 知 书                                   │
│                                                               │
│  1. 第＿＿＿＿次列车到达你站后，准接你站发出的列车。            │
│                                                               │
│  2. 于＿＿＿时＿＿＿分发出第＿＿＿次列车，并于＿＿＿时＿＿＿分再发  │
│ 出第＿＿＿＿次列车。                                           │
│                                                               │
│                          站（站印）  车站值班员（签名）        │
│                                                               │
│                          年    月    日填发                   │
└─────────────────────────────────────────────────────────────┘
```

注：1. 红色纸，复写一式两份，司机一份，存根一份；

　　2. 不用的字句抹消。

图 3.17　红色许可证

红色许可证中通知书的内容供单线书面联络法使用，双线不填写应抹消。

2. 书面联络法

（1）优先发车的车站，即一切电话中断后有权发出第一趟列车的车站。

单线区间（包括双线改按单线办理的区间）在电话中断前就规定了优先发车站，该站在电话中断后可优先发车列车，这样，既保证了行车安全，又减少了相邻车站用于书面联络的时间。下列车站为优先发车的车站：

① 已办妥闭塞而尚未发车的车站。因该车站已取得了发车权，故可优先发车。此时，若司机持有行车凭证时，则不再发给红色许可证，只发给与邻站确定下一列车发车权的通知书，如无可持的行车凭证时，应发给红色许可证开往邻站。

② 未办妥闭塞时，单线区间为开行下行列车的车站；双线改按单线行车时，为该线原定发车方向的车站；同一线路同一方向运行的列车，有上下行两种车次时，优先发车的车站由铁路局规定。

沈阳铁路局普速铁路《行车组织规则》一切电话中断时优先发车站和列车正方向的规定

根据《技规》（普速铁路部分）第309、324、325、326条补充规定：

1. 一切电话中断采用书面联络法行车时，在同一线路同一方向运行的列车，有上下行两种车次的优先发车站指定如下：

吉林北—棋盘间为吉林北站；

江北—吉林北间为江北站；

九站—哈达湾间为九站站；

沈阳—浑河三线间为沈阳站；

沈阳—揽军屯间为沈阳站；

大成—于洪间为大成站；

福金—金家堡间为福金站；

新站—拉法间为新站站；

拉法—蛟河间为拉法站；

长春北—龙泉北间为长春北站；

揽军屯—于洪三线间为揽军屯站；

沈阳西—于洪间为沈阳西站；

长岭子—旅顺西间为旅顺西站。

2. 双线按时间间隔法行车时，下列出发方向定为列车正方向：

于洪、大成站上行向沈阳西站；

于马三线沈阳西站向马三家站；

马三家站下行线向大成、于洪站；

沈阳西站下行编发场向永安线路所。

（2）书面联络法的建立。

① 优先发车站发出第一列列车，非优先发车站接到第一列列车持有的通知书后，凭优先站在通知书中记明的发车顺序办理接发列车，至此，两站建立了书面联络。

② 优先发车站无待发列车时，应利用一切交通工具，速将红色许可证中的通知书交送非优先发车站，准许非优先发车站发车。

传递通知书可用单机、重型轨道车，其开行均按列车办理，一切电话中断行车时，须持有红色许可证，实际上就是优先发车站发出的第一趟列车。

③ 非优先发车站如有待发列车时，必须得到优先发车站同意发车的通知书后才能发车。第一列列车以后的列车进入区间的顺序均按通知书上注明的发车权办理。

（3）优先发车站发出第一列列车前应查明区间空闲。

优先发车站发出的第一列列车前必须查明区间空闲。因为电话中断前发出的列车是按正常闭塞法行车的，如列车未到达邻站，在电话中断后不确认区间空闲即按一切电话终端方法向区间发出列车，可能造成两个列车进入同一区间，前行列车被迫停车后根据原闭塞发的要求可能退行，亦可能不进行防护，给安全带来威胁。因此，无论单线或双线，发出第一个列车必须查明区间空闲。

3. 时间间隔法

双线按时间间隔法发车时，由于车站联系不便，只准发出整正方向列车。非自动闭塞区间发出第一个列车时，在发车前应查明区间空闲。

4. 发出同方向列车的时间间隔

一切电话中断后，无论单线或双线区间，均无法收到列车到达邻站的通知，发出同一方向运行的列车，只能以一定的时间间隔来保证使两列车保持一定的距离。这一间隔时间为区间规定的运行时间另加 3 min，但不得少于 13 min。3 min 主要是接车站按安排后行列车进出站速度的降低，站内联系亦受影响，接发列车作业时间随之延长的情况，从而保证在一般情况下，前次列车已到达邻站，区间腾空后再发出后行列车，以时间间隔达到空间间隔的目的。

5. 一切电话中断后禁止发出的列车

电话中断时，行车指挥和站间联系以及站内作业都产生困难，为保证列车运行安全，对于不十分要紧的列车或可能引起不安全因素的下列列车暂时停开：

（1）在区间内停车工作的列车（救援列车除外）；

（2）开往区间岔线的列车；

（3）须由区间内返回的列车；

（4）挂有由区间返回后部补机的列车；

（5）列车无线调度员电话故障的列车。

6. 一切电话中断时区间封锁与开通

（1）封锁区间。

在电话中断时间内，遇区间发生事故或线路中断情况时，必须立即组织救援和抢修以尽快恢复行车。接到要求封锁区间、抢修施工、事故救援的车站值班员，可不必与邻站商议，立即封锁区间，将封锁区间、障碍地点及是否开行救援列车事项以书面形式通知封锁区间的相邻站，书面通知应加盖站印及由车站值班员盖章或签名。需开行救援列车时，亦以车站值班员的命令（使用调度命令用纸书写）作为进入封锁区间的凭证。

（2）开通区间。

抢修或救援工作完了后，应及时开通封锁区间。由接到开通封锁区间的车站值班员以书面形式通知封锁区间的相邻站，然后以电话中断的行车办法行车。

在电话联系恢复后，再将封锁区间事项报告列车调度员。

二、单线区段车站呼唤 5 min 无人应答的行车办法

单线区间的车站，已经以闭塞电话、列车调度电话或其他电话呼唤 5 min 无人应答时，这个车站称作"呼唤 5 min 无人应答站"。呼唤 5 min 无人应答站时，应由列车调度员查明该站及相邻区间确无列车（包括单机、动车及重型轨道车）后，发布调度命令封锁不应答站的相邻两区间，按封锁区间办法向不应答站发出列车，列车凭调度命令进入区间。

由于事先不了解不应答站的情况，为保证进入封锁区间列车的安全，无论不应答站的进站信号机是否开放，列车都必须在进站信号机外停车，判明站内情况及确认接车进路准备妥当后再行进站。列车进站后，司机或车站值班员将经过情况报告列车调度员。若该站电话不通或不能使用，则列车继续运行至前方站，向列车调度员汇报。

思 考 题

1. 什么是行车闭塞法？行车闭塞法有哪几种？其作用是什么？

2. 什么是基本闭塞法？其适用条件什么？

3. 什么是代用闭塞法？其适用条件什么？

4. 电话闭塞法的使用时机是什么？

5. 电话闭塞法的行车凭证是什么？

6. 电话记录号码的作用是什么？哪些事项必须要用电话记录号码？

7. 一切电话中断时的行车办法及凭证是什么？

8. 一切电话中断后禁止发出哪些列车？

第四章　接发列车

第一节　一般要求

一、接发列车线路使用原则

正确、合理地使用接发列车线路，对保证车站作业安全、减少作业干扰、提高运输效率有着重要意义，也为车站保证有不间断接发列车的空闲线路创造了条件。

（一）接发列车应在正线或到发线上办理

正线、到发线是专门为办理列车的接发和进行技术作业而设置的。正线、到发线的钢轨、道岔设备标准比其他线路高，可以保证列车进出车站有较高的速度；正线和到发线有保证列车进路正确的联锁设备和指示列车运行条件的信号设备，有为旅客上下、行包装卸的站台，在技术站和较大的中间站的到发线上，设有机车整备和列检作业的有关设备便于进行技术作业；在车站线路布置上，考虑了列车到发与调车作业的紧密配合，保证车站可进行最大数量的平行作业。因此，在正线和到发线上办理接发列车，既保证了车站的作业效率，又保证了接发列车的安全。

（1）旅客列车、挂有装载超限货物车辆的列车（简称超限货物列车）应接入固定线路。

为保证旅客上下、行包和邮件的装卸、客车上水及旅客出入车站的安全，旅客列车应接入靠近站台、设有平过道或天桥、地道等设备的线路。由于旅客列车较其他列车速度高，所以接发在站内停车的旅客列车，侧向经过的单开道岔不得小于 12 号。

装载超限货物的车辆，其高度、宽度或长度超出机车车辆限界，与邻线上的机车车辆或临近的设备、建筑物有刮撞的可能，为保证列车运行安全和货物完整，不损坏设备和建筑物，股道线间距、线路两侧设备和建筑物的限界等必须符合规定。要求接发这种列车的线路与邻线的距离较大，同时要选择建筑物和设备的限界条件最好的线路。

车站值班员在接发旅客列车或挂有超限货物列车的线路时，应按上述要求固定在《站细》内记明，车站值班员要严格遵守。

所谓"固定线路"，就是《站细》规定的线路。

（2）动车组列车在车站办理客运业务时，须固定股道、站台和停车位置。

动车组列车运行速度及等级高，因此对在车站办理客运业务的动车组列车均须明确固定股道、固定站台、固定停车位置。遇设备故障、自然灾害、列车晚点等不可抗力原因必须调整动车组列车固定股道时，必须经调度所值班主任（值班副主任）准许，不发布调度命令。

（3）动车组列车、特快旅客列车应在正线通过，其他通过列车原则上应在正线上通过。

正线的线路、道岔质量高（例如，正线基本轨的垂直磨耗和辙叉心宽 40 mm 处的直磨耗均不得超过 6 mm），信号显示距离较远，瞭望条件好，可以保证列车的通过速度和安全。

在特殊情况下，必须由到发线通过时，侧向通过的单开道岔不得小于 12 号。为确保旅客列车的安全，改由到发线通过时必须采取一定的安全措施。

（4）原规定为通过的旅客列车由正线变更为到发线接车及动车组列车、特快旅客列车遇特殊情况必须变更基本进路时，须经列车调度员准许，并预告司机；如来不及预告时，应使列车在站外停车后，再开放信号机，接入站内。动车组列车遇特殊情况需变更办理客运业务的固定股道时，须经调度所值班主任（值班副主任）准许。

原规定为通过的旅客列车由正线变更为到发线接车时，列车要从经道岔直向改为经道岔侧向运行。经道岔直向运行时允许速度高，而经侧向运行时允许速度低，如司机没有思想准备，列车由正线经道岔直向通过改为到发线经道岔侧向接车，可能难以降低到要求的速度，容易超速运行，带来安全隐患。动车组列车、特快旅客列车较其他旅客列车运行速度和等级高，应按基本进路办理，当车站因特殊原因必须变更基本进路时，列车运行进路上的速度要求可能会发生变化，应告知司机提前作好准备。

因此，为保证旅客列车运行安全，原规定为通过的旅客列车由正线变更为到发线停车、通过及动车组列车、特快旅客列车遇特殊情况必须变更基本进路时，必须经列车调度员准许，并预告司机，以便司机做好降低速度的准备。如来不及预告司机时，不得开放进站信号，使列车在站外停车后再开放进站信号，把列车接入站内。

（二）保证车站有不间断接车的空闲线路

保证车站经常有不间断接车的空闲线路。是车站值班员的重要职责。车站值班员要加强与列车调度员及有关部门的联系，随时了解和掌握列车运行情况，有计划、合理地使用到发线，组织快速作业，压缩编解作业占用到发线的时间等。为保证车站有不间断接车的空闲线路，在到发线使用上应遵守以下规定：

（1）正线上不应停留车辆（尽头式车站除外）。因为站内正线是直通区间正线的线路，通过列车原则上应在正线通过。若不能保证正线经常空闲，就不利于车站办理列车通过，不利于列车调度员指挥列车运行，甚至会影响整个区段的列车运行秩序。若正线停留车辆或被列车占用，通过列车改由侧线通过则会增加不安全因素。

（2）到发线上停留车辆时须经车站值班员准许，在中间站须取得列车调度员的准许方可占用，该线路的两端道岔应扳向不能进入的位置并加锁（装有轨道电路除外）。

因车站装卸线、调车线不足，必须利用到发线进行作业或停放车辆时，必须经车站值班员准许。而中间站线路较少，经常有列车会让或越行，列车调度员要根据列车运行情况在中间站调整列车会让，停留车辆时还必须经列车调度员准许。

未装设轨道电路的到发线停留车辆时，线路两端的道岔应扳向其他机车车辆不能进入的位置并加锁，以防止车站值班员等忘记停留车辆，错误地向占用线路接入列车。但装有轨道电路的除外，因装有轨道电路的到发线如果错误地向有车线接车，这时进站信号机不能开放。

二、接发列车的要求及车站值班员在接发列车中应亲自办理的事项

（一）接发列车的要求

接发列车工作是铁路运输生产活动的一项重要内容，是列车运行过程中不可缺少的重要环节，所有列车都需经过发车和接车作业方能进入区间运行或接入站内进行各项技术作业。

按照列车运行图规定的时刻，安全、正点、不间断地接发列车，是车站行车工作的主要任务，也是列车运行安全正点的重要保证。为保证车站接发列车的安全，必须按原部颁八项《接发列车作业标准》的程序办理，其主要程序见表4.1。

表 4.1　接发列车程序表

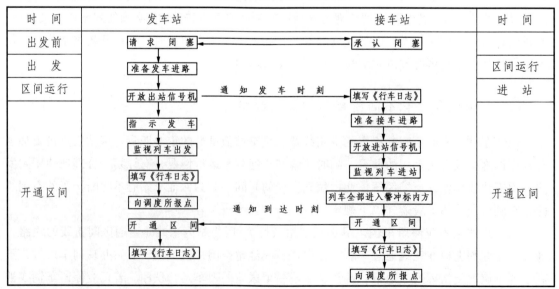

由于参加接发列车工作的人员多、作业环节复杂，在接发列车工作中的任何疏忽或差

错都可能造成列车晚点或行车事故，甚至涉及其他列车或车站，影响运输全局。因此，参加接发列车工作的有关人员，除严格执行《铁路技术管理规定》《铁路行车组织规则》（简称《行规》）《铁路行车工作细则》外，还必须认真执行原铁道部《接发列车作业标准》所规定的程序和用语，不得简化，做到安全、迅速、准确、不间断地接发列车，严格按运行图行车。

（二）接发列车工作中车站值班员应亲自办理的事项

车站的行车工作应由车站值班员统一指挥，因此，接发每一列车都应由车站值班员负责组织，统一指挥。在接发列车工作中，办理闭塞、布置进路（包括听取进路准备妥当的报告）、开闭信号、交接凭证、接送列车及发车，都是与列车安全出入车站和在区间安全运行有密切关系的重要工作，所以车站值班员应亲自办理。

由于设备条件（如设备分散或车站值班员不在信号楼工作等）或业务量（如行车方向多或列车集中到发）等原因，车站值班员难以完全亲自办理时，除布置进路（包括听取进路准备妥当的报告）外，其他事项可在车站值班员统一指挥下，分别指派助理值班员、信号员、扳道员办理。其具体职务分工应在《站细》中明确规定。

第二节 接发列车作业

接发列车作业是一个较为复杂的作业人员与设备间相互联系和统一动作的作业系统。以"统一、协调、精炼、优化"为原则，以接发列车作业各工种人员在操作、时机、用语、动作等方面的最佳配合为目的，铁道部编制了八种不同类型的《接发列车作业标准》（简称《标准》），广泛考虑了我国铁路不同行车闭塞方法、联锁类型、人员配备和劳动组织形式，其覆盖率已达全路的98%左右，自1985年7月1日实行以来，已充分体现出其显著的科学性、可行性和实用性，2003年又进行了修订完善。

接发列车作业从办理闭塞（预告）、准备进路、开放信号、交递凭证，直至列车由车站发出或通过，任何一个环节的疏漏都可能埋下事故隐患，任何一项作业差错都可能危及列车安全。因此，所有参与接发列车的人员，办理每趟列车时都必须高度重视，严格执行接发列车作业标准规定的程序和用语。

一、办理闭塞（预告）

办理列车闭塞（预告）是接发列车的首要作业环节，是列车取得区间占用权的重要环节，也是较易发生列车事故的关键环节。

（一）办理闭塞必须确认区间（分区）空闲

正常情况下按基本闭塞法行车，可以保证在同一时间内、同一个区间（或闭塞分区）只有一个列车运行。但是，由于设备缺陷、个别人员办理程序的疏忽，仍有可能向占用区间发出列车，所以，车站值班员在办理闭塞时必须确认区间空闲。例如，采用半自动闭塞设备，因区间无轨道电路，一旦有区间遗留车或列车停在区间，如不认真检查列车是否整列到达，待列车压过接车轨道电路，就可以办理区间开通，再向区间发出列车，这是非常危险的。至于电话闭塞，因无设备控制，只靠人工执行作业制度，一旦办理疏忽，就更有可能向占用区间发车。因此，车站值班员在接发列车工作中，首先要把好办理闭塞时确认区间空闲这一关。

【例4-1】××年××月×日8点15分，甲站因上行线出站端咽喉道岔临时故障而抢修，调度命令：停用该副道岔，两站间停止基本闭塞法，改按电话闭塞法办理行车（实际上已停用上行线改单线行车）。

乙站误认命令为：仅停用甲站站内道岔，而不影响上行线。当甲站发出的24146次走原下行线进入区间后，乙站又向甲站办理13135次闭塞，甲站竟也盲目承认了闭塞。直至乙站报13135次通过点时，甲站才被惊醒。两站急忙以列车无线调度电话呼喊；加之瞭望条件较好的区间道口工发现后也积极阻拦，终将13135次和24146次阻止。两列车停车后，仅相距860 m，险些造成两列车在区间正面冲突的重大事故，但已构成向占用区间发出列车的险性事故。

这起事故，除调度命令不够清晰、准确和乙站在调度不清情况下臆测停车，调度员及乙站值班员应负一定责任外，甲站值班员办理闭塞时，盲目地在24146次占用的区间上又承认了13135次闭塞，应负主要责任。

（二）确认区间空闲的主要内容和办法

确认区间空闲的主要内容是：前次列车是否整列到达；补机是否返回；出站（跟踪）调车是否完毕；有无轻型车辆占用和区间封锁；区间内设有道岔时，发出进入正线的列车，区间道岔是否开通正线并锁闭；查看控制台闭塞表示灯的显示或闭塞表示牌的揭挂，以及《行车日志》的填记等。

（1）自动闭塞。通过控制台的监督器（列车离去表示灯）或出站信号机的复示器以及各种表示牌，确认第一及第二闭塞分区空闲情况。四显示自动闭塞区段还应确认第三闭塞分区空闲情况。

（2）半自动闭塞。除根据闭塞机上闭塞表示灯的显示外，还应根据《行车日志》、各种表示牌以及助理值班员、扳道员检查到达列车情况的报告确认区间空闲。

（3）电话闭塞。根据《行车日志》前次列车到达时间、到达电话记录号码、各种表示牌和助理值班员及扳道员检查到达列车情况的报告确认区间空闲。

各种表示牌是辅助办理人员记忆的一种措施，应悬挂在醒目的地方，一般应挂在站间行车电话机按钮上。如挂在闭塞机按钮上，则不利于车站值班员确认，特别是当采用电话闭塞法行车时就更不易确认。

（三）办理闭塞（预告）时，车次必须准确清晰

【例 4-2】××年×月×日，×××站在办理 57016 次（路用列车，挂有龙门架轨排超限车 4 辆）时，误听为 57006 次轨道车。将列车接入设有高站台的 3 道，构成超限列车进入非固定股道的险性事故。

这起事故，除接车站值班员误听车次，又未注意核对日班运行计划，将超限车错排股道接入而负主要责任外，发车站值班员办理闭塞时，未将 57016 次列车超限情况通知前方接车站也负有一定责任。

因此，如遇有超长、超限列车或单机挂车等情况，发车站应通知前方接车站，以便接车站正确作好接车准备。

（四）办理闭塞（预告）时，用语必须准确完整

在现场作业中，有的车站值班员承认闭塞时仅简化回答"同意"两字而未复诵"××（次）闭塞"，这样就不能与相邻站起到互控、联控作用，极易发生错办车次。以上述案例为例，如接车站值班员误复诵为"57006（次）"，则该起险性事故就有可能被避免。

为此，办理闭塞（预告）及承认闭塞时，均须完整按照原《标准》用语："×（次）闭塞"、"×（次）预告"、"同意×（次）闭塞"等，并冠以"客车"、"方向"等。

（五）办理闭塞时，必须正确操纵控制台闭塞按钮

现场办理闭塞时，对控制台闭塞按钮的操作中有以下两种违章作业情况需引起注意和纠正：

（1）有的发车站还未请求闭塞就先按闭塞按钮，即以闭塞机铃声提示及闭塞表示灯的黄色灯光直接表示请求，而接车站也简化作业，直接按压闭塞按钮来承认闭塞。这样盲目地办理闭塞，极易发生列车车次不清而错进股道的行车事故。

（2）接车站承认闭塞时，瞬间按压闭塞按钮过于快速。这种情况往往发生在新任职的行车人员中，可能造成闭塞设备动作不正常，显示不一致、不正确，造成安全隐患。在这种情况下，接车站再按压一次控制台闭塞按钮，一般可使两闭塞机表示灯光恢复正常。

因此，接车站承认闭塞时，按压控制台闭塞按钮应不少于 1 s。

二、进路的布置、准备及确认

正确、及时准备好列车进路是接发列车工作中的关键。车站值班员必须亲自布置进路，并听取进路准备妥当的报告。

（一）进路的布置

1. 布置内容

车站值班员应清楚布置车次和占用线路（接入股道或由某道出发）。如车站一端有两个及其以上列车运行方向或双线反方向行车时，必须讲清方向。

2. 要　求

（1）按《站细》规定时间，简明清楚、正确及时地布置进路。

（2）布置进路应按原铁道部《接发列车作业标准》规定程序和规定用语办理，不得简化。布置进路的命令不准与其他作业的命令、通知一起下达。

（3）受令人复诵，当两人及其以上同时接受准备进路的命令时，应指定一人复诵。车站值班员要认真听取复诵，核对无误后方可发布命令"执行"。接车进路的命令应向两端扳道员及有关扳道员同时发布。

（4）车站值班员接到邻站特快旅客列车预告后，按《站细》规定应及时通知有关人员提前到岗接车，站内平过道应提前派人到岗监护。

【例4-3】××年××月××日，××站接货物列车24146次进4道时，因事先未通知接车线的3#扳道员，致使专用线调车机回站时，3#扳道员还道后调车机盲目闯入4道接车线，险与24146次正面冲突，但已构成有车线接车的险性事故。车站值班员违反作业标准，未将接车命令向两端扳道员同时发布应负主要责任。

由此制定出如下安全措施：

① 车站值班员在发布接车进路命令时，必须向接车线末端及有关扳道员同时下达，接车线末端及有关扳道员接受命令后应回答："×号知道（了）。"以加强列车进路安全的互控和联控。

② 各专用线、岔线的调车机返回站内正线和到发线之前，有关扳道员须再度请示车站值班员的同意后，方可显示还道信号准许回站入线作业。

③ 以无线电调车方式作业时，调车长可与车站值班员直接联系，经允许后车站值班员还须及时通知扳道员。

（二）进路的准备

1. 道岔的扳动及转换

信号员（扳道员）应严格按照车站值班员布置的接发列车命令，正确、及时地准备进路。在操纵信号、道岔时，要"手指、眼看、口呼"，做到"一看、二按（扳）、三确认、四呼唤（显示）"，严禁他人操纵；扳道员对进路上不该扳动的道岔，也应认真进行确认。

2. 扳动道岔、操纵信号的程序

"一看"：在操作前看所按按钮、所扳道岔的位置，看接车线是否空闲，看机车车辆是否越过警冲标，看机车车辆是否越过联动道岔。

"二按（扳）"：操作信号按钮、道岔到所需位置。

"三确认"：确认道岔开通位置是否正确，闭止块是否落槽，尖轨与基本轨是否密贴，进路有关道岔位置是否正确。准备接发车进路时，还要确认影响进路的调车作业是否停止、信号开闭状态是否正确。

"四呼唤（显示）"：确认操纵无误后，呼唤"××信号开放好了"或"×道准备好了"，并向车站值班员汇报进路准备妥当，或向要道人员显示股道号码信号和进路准备妥当手信号。

（三）进路的确认

1. 确认接车线路空闲

确认接车线路无封锁施工，无机车、车辆、动车、重型轨道车，无轻型车辆、小车及其他能造成脱轨的障碍物，防止"有车线接车"造成行车事故。

确认的方法是：（1）在控制台上通过股道占用光带或表示确认，需注意接车线路附近有无侵入限界的设备等障碍物；（2）未设轨道电路或轨道电路发生故障时，必须由接发列车人员现场确认接车线路是否空闲；（3）查看股道占线板。

车站在准备列车的接车进路或通过进路时，首先必须确认接车（通过）的线路空闲，以防止线路上存有机车、车辆及其他危及列车运行安全的障碍物等，防止"有车线接车"的行车事故。

【例4-4】××年×月××日，××站（3道停有存车6辆）在办理25124次停车交会17153次时，车站值班员和扳道员均未出场确认接车线空闲，也未填记占线揭示板。由于这一系列违章及简化作业，导致25124次进站后与3道停留车相撞，造成机车中破1台、车辆大破1辆、中破2辆的行车大事故。

为此，车站作业人员对接车（通过）进路空闲的检查，必须站在线路中心就地"眼看、手指、口呼"进行一致性确认；设有轨道电路及控制台上设有股道占用表示的，通过控制台上该股道表示灯（光带）进行确认。

有一种情况需引起注意：车站新铺钢轨、更换再用轨或较少使用的线路，由于轨面生锈，接触不良，轮缘在设有轨道电路的轨面上走行，反映在控制台上的表示灯有时会出现时隐时现的现象；个别车辆在线路上停留时，甚至控制台表示灯无显示，该股道的进站信号仍能开放，这种事故隐患是相当危险的。因此，车站遇有类似这类情况的线路时，务必加强新用时期的安全措施，明确"接车线空闲"的检查方法。

2. 确认进路有关道岔位置正确

扳道员准备完进路后，要确认进路上的有关道岔和防护道岔的开通位置是否正确，车站值班员通过控制台的光带显示确认道岔位置。当联锁失效或无联锁线路发车时，必须执行"再度确认"制度。

"二人现场确认"由扳道员及引导人员进行。当扳道员准备进路时，要确认接车线空闲，进路道岔开通位置正确，影响进路的调车作业已停止，引导人员亦应按此顺序确认。扳道人员及引导人员均应向车站值班员汇报。

【例4-5】××年×月××日，××站因检修停用全站"信、联、闭"改为无联锁电话闭塞法行车。3124次旅客列车出发时，由于扳道员仍按原调车进路开通于煤炭专用线并盲目汇报。结果导致3124次列车开往专用线方向，幸被司机发现紧急停车，但已构成了"未准备好进路发车"的险性事故。

【例 4-6】××年×月×日，××站在办理 2075 次旅客快车通过进路时，车站值班员违章作业，简化作业用语向引导员布置计划：Ⅱ道好了后就把 2075 次接进来。引导员随后问扳道员，扳道员摇摇手（意思为还未好），引导员误认为Ⅱ道好了即跑去引导。结果 2075 次进站后闯入 3 道，与停留在 3 道的 24179 次尾部相撞，当即将守车挤扁（报废），学习运转车长死亡，造成机车中破 1 台、车辆报废 1 辆、大破、中破各一辆，构成列车冲突重大事故。

因此，在接发列车作业中，列车进路的确认极为重要，这直接关系列车运行安全，不可疏忽。集中联锁的车站必须通过控制台股道表示灯（光带）等设备的显示来确认接发车进路；电锁器联锁设备的车站有关扳道人员必须确认尖轨密贴、闭止块落槽、道岔标志牌（灯）的显示及列车进路正确无误后，方可向车站值班员报告。联锁设备停用时，对列车进路的现场检查更须严密细致、准确无误，并采取相应安全措施，加人加岗，确保列车运行安全。

3. 确认影响进路的调车作业已经停止

在开放进站或出站信号机前，必须停止影响列车进路的调车作业，保证信号机的及时开放和接发列车作业的安全。没有及时停止影响进路的调车作业就盲目开放信号，有可能造成列车冲突事故。

影响接发列车进路的调车作业包括：

（1）占用或穿过接发车进路的调车作业；

（2）相邻两线线间距不足 5 m 时，接发超限列车的同时在邻线上调车作业；

（3）相邻两线线间距不足 5 m 时，接发非超限列车的同时在邻线上调动装载超限货物车辆的调车作业；

（4）接发旅客列车时，能进入接发列车进路、末端无隔开设备的线路上的调车作业。

不及时停止影响接发列车进路的调车作业，就有可能造成列车在站外停车或出发晚点，甚至可能使列车与正在调车的机车车辆发生冲突事故。

停止影响列车进路的调车作业时间，按照准备进路、开放信号机和列车通过进站距离的时间（或发车起动时间）确定，在《站细》内规定。车站接发列车时，上述各种影响列车进路的调车作业，必须按《站细》规定的时间及时停止，严禁"抢钩"作业，保证列车运行安全正点。

【例 4-7】××年×月×日，××站在 25824 次货物列车 19 时 42 分到达车站后，调度员布置计划为列车三交会，即 25824 次避让 22026 次，在交会 13235 次后开。车站利用 25824 次本务机Ⅱ道转线，道西头调车。由于车站值班员对调车时机掌握不准，未将调车机（本务机代）及时扣住，致使调车作业进路影响了 22028 次的列车进路，造成 22028 次列车在该站进站信号机外停车 5 min，构成"未及时办理信号，致使列车站外停车"的一般事故，车站值班员负主要责任。

4. 充分发挥占线板、安全卡等辅助记忆的作用

为提示车站（助理）值班员、扳道员等有关作业人员，防止因疏忽而发生漏办、错办接发车进路等，在行车室、扳道房等工作醒目处应设置"占线板"，在控制台按钮（旋钮）上设置安全帽（卡）、揭示牌等辅助记忆工具，这可在接发列车安全中发挥重要的作用。

遇有"先开后接"的行车情况时，对待发列车及计划再进入同一股道的列车，其占线揭

示板的填记方法以分子、分母表示，即分母表示该线路原有的待发列车，分子表示计划再接入该线的列车。

三、开闭信号

信号开放后，进路上有关的道岔和敌对信号都将锁闭。过早开放信号，就会过早占用咽喉，影响与该进路有关的调车作业或其他作业；信号开放过晚，会造成进站列车运缓、站外停车，甚至冒进信号，发出列车晚点。关闭过早进路道岔提前解锁，易造成道岔途中转换，敌对信号可能开放；关闭过晚影响接发其他列车和调车作业或站内行车设备检修。因此，车站值班员应亲自或指派信号员、扳道员严格按《站细》规定的时机开放或关闭信号。

（一）开放进和预告信号机的条件和时机

1. 开放条件
（1）接车线路空闲；
（2）接车进路上道岔（包括防护道岔）位置正确；
（3）影响接发车进路的调车作业已停止；
（4）敌对信号在关闭状态。

2. 开放时机
应保证列车正常运行的速度，即保证进站信号机外制动距离内与司机确认信号的时间内列车所走行的距离之间，为最晚开放时机，亦为最合理时机。这个合理时机是经过计算和查定再经分析平衡后而确定的，并纳入《站细》，应严格执行。开放进站和预告信号机的最好时机详见《铁路行车组织》一书。至于各个车站、各个方向进站信号机、预告信号机需要列车到达之前开放进站、预告信号机的具体时间，由于设备条件、列车长度和速度的不同，一般是经过计算、查定和分析来确定，有的只经过查定和分析确定，并纳入《站细》。

（二）出站信号机的开放时机

出站信号机的开放时机应根据发车作业过程实际查定。列车开车前开放出站信号机的最小限制时间的计算公式如下：

$$t_{出开} = t_{确} + t_{动}$$

式中　$t_{出开}$——列车开车前开放出站信号机的最小限制时间，min；

$t_{确}$——发车人员确认出站信号开放所需要时间，min；

$t_{动}$——发车人员向司机显示发车信号至全列车起动所需时间，min。

开放出站信号机的时机是列车出发前为保证列车正点出发应提前开放出站信号机。提前开放出站信号机的时间，应能保证完成包括确认出站信号机的显示、显示及确认发车指示信号、显示及确认发车信号等作业所需的时间。必要时，还应包括交付行车凭证的走行时间。

通过查定与分析确定出合理时间，并纳入《站细》。

进站停再开的列车，停站时间无论长短，都必须等列车进站停妥后才能开放出站信号机。

通过列车应先开放出站信号机再开放进站信号机，以保证列车按正常的速度通过车站。

（三）信号机的关闭时机

信号机关闭后，有关道岔即解锁（装有道岔区段轨道电路的区段除外）。信号关闭过早，可能造成进路道岔错误转换或敌对信号开放，危及列车运行安全；信号关闭过晚，会耽误其他作业，影响运输效率。由于设备不同，信号机的关闭时机有以下几种情况：

（1）集中联锁的车站的通过、进站、出站、进路信号机，当第一轮对越过信号机后即自动关闭。列车出清道岔区段轨道电路后，该轨道电路区段的道岔自动解锁。

（2）非集中联锁的车站的进站信号机及线路所通过信号机，当列车进入接车线轨道电路后即自动关闭。

（3）非集中联锁的车站，由手柄操纵的信号机，进站信号机在确认列车尾部进入接车线警冲标内方，出站信号机在列车尾部越过最外方道岔并确认全部进入出站方向轨道电路区段后，恢复手柄关闭信号。

四、交接凭证

凭证是指出站（线路所通过、发车进路）信号机显示的进行信号以外可持有的"证件"，如绿色许可证、路票、红色许可证、列车分部运行的"通知书"、列车进入封锁区间的"调度命令"等。

交接的凭证除以上所述外，还包括转交司机的调度命令、口头指示、预告等，要认真检查是否正确，注意人身安全。如通过列车交不上时，应停车交付。车站收回凭证后，要确认是否正确，及时注销保管。

行车凭证是列车占用区间的依据，不同的闭塞方式所使用的行车凭证亦有所不同，如：自动闭塞为出站或通过信号机的黄色灯光或绿色灯光（但客运列车及跟随客运列车后面的通过列车，为出站信号机的绿色灯光）；半自动闭塞为出站信号机或线路所通过信号机显示的进行信号；电话闭塞为路票等。不同的行车情况还规定有不同的闭塞方式及行车凭证，如救援列车。路用列车运行在基本闭塞（或代用闭塞、电话闭塞）区间时，应使用原基本闭塞（或电话闭塞）法办理行车；而救援列车进入封锁区间或路用列车进入施工封锁区间的行车凭证为调度命令；当列车调度电话不通时，救援列车进入封锁区间的行车凭证为调度命令；当列车调度电话不通时，救援列车进入封锁区间的行车凭证为车站值班员的命令。

有关作业人员办理行车凭证时，必须认真严谨，注意防止因差错而造成行车事故。

（一）防止误用

行车凭证在交付使用前，应注意核对其使用区间、方向、车次、型号、号码等，确认是否符合，尤其是路票更须注意。

【例 4-8】××年×月×日，××站计划 31724 次避让 3864 次交会 31813 次后开。3864 次通过后，助理值班员取下路签返回行车室办理原签折返。由于 31813 次临时摘接关门车耽误，调度通知 3864 次到前方站后，31724 次抓紧跟上，发车时，助理值班员竟误将原准备交给 31813 次的折返路签（已不用）交给了 31724 次司机。显示发车信号后，司机临时发现所持行车凭证的运行区间不符，赶紧鸣笛示意，但已构成了"错误办理行车凭证发车"的一般行车事故。

可见，交付行车凭证前的确认，特别是对路签（牌）、路票的再度核对确认，尤为重要。

（二）防误操纵

信号是指示列车运行的命令。自动、半自动闭塞法行车时，其进站、出站、通过信号机上显示的准许列车运行的各种进行信号均为列车行车凭证。为此，操纵信号，即信号的开放（关闭）作业时，必须特别慎重，往往稍不注意就因错拉误按而发生事故。

【例 4-9】××年×月××日，14 时 31 分～34 分，××站 2413 次交会 78 次。当 78 次正在站内通过，车站值班员欲关闭 78 次进站信号、开放 2413 次出站信号时，由于精力分散，误关闭 78 次的出站信号，导致列车在站内无故停车，险造成列车冒进信号，但已构成"错办信号招致列车停车"的一般事故。这起事故由车站值班员负全部责任。

【例 4-10】××年××月×日，××站 1013 次 16 时 03 分开出后，车站信号机一直亮绿灯而未恢复（信号电路发生故障）。随后，273 次又接入 1 道，车站值班员离岗未办闭塞，助理值班员见信号开放也就将 273 次接续发出。向邻站报点时才被邻站发现未办理闭塞将列车发出，构成险性事故。

这起事故，电务设备故障应负一定责任；助理值班员在 1013 次出发与 273 次出发间隔 19 min 之久，未返回行车室参加 273 次接车闭塞等工作，失去联控作用，终致盲目发出 273 次，亦负有一定责任；车站值班员既未对已发生故障的出站信号正确处理（遮住停用，并通知信号工区抢修），又严重违纪离岗而未办 273 次发车闭塞，导致助理值班员盲目地延续使用故障信号，造成误将 273 次放入占用区间的险性事故，负有主要责任。

由上述案例可见，信号的开放与关闭至关重要。为此，车站值班员、信号员在操纵信号时必须全神贯注，精力集中，遵章守纪，严格坚持"眼看、手指、口呼"一致的确认操纵制度，确认信号指示的准确无误。

（三）防误填写

使用路票、调度命令等书面凭证办理行车时，对其使用区间（含区间停车地点）、车次、电话记录号码等应特别注意。书面凭证填写后，必须认真进行核对，经确认正确无误后方可交付使用，以防止填写错误而导致行车事故。

【例 4-11】××年××月×日，××站在办理通过的 10003 次"油龙"的行车凭证时，误将路票上车次错填为 10063 次。列车通过时，司机临时发现，致使 10063 次站内紧急停车，造成"错填行车凭证耽误列车"的一般行车事故。

五、发　车

车站做好发车准备并具备发车条件后，车站值班员或助理值班员应向司机显示发车信号。

（一）显示发车信号的条件

车站值班员或助理值班员确认发车进路已准备妥当，凭证已交付，出站信号机已开放，旅客上下、行包装卸、列检作业完毕并已撤除防护信号后，方可向司机显示发车信号或开放发车表示器。

（二）向列车显示发车信号的条件和地点的规定

沈阳铁路局普速铁路《行车组织规则》

根据《技规》（普速铁路部分）第 362 条补充规定：

1. 车站（助理）值班员应在旅客乘降、行包装卸的一侧显示发车信号。显示发车信号前，须得到车站客运业务办理完毕的报告。具体报告方法及确认列检作业完毕的办法在《站细》内规定。

2. 军用人员列车，应在人员乘降的一侧显示发车信号。

3. 始发货物列车及其他列车，发车人员应在出站信号机一侧；无出站信号机线路应在列车左侧显示发车信号；如列车在旅客站台或运转室一侧时，可在站台上或运转室一侧显示发车信号，但应在《站细》内规定。

（三）发车作业

动车组列车在车站出发，动车组列车司机在确认行车凭证和开车时间，车门关闭后，即可起动列车。

由于动车组列车设备自动控制水平高，车门采取集中控制，车门开关状态在司机室有明确的表示，并且在运行途中不进行客列检作业，为优化作业组织，压缩站停时间，规定动车组列车开车前不再发车，由司机确认行车凭证、开车时间，车门关闭后即可起动列车。

动车组以外的列车在车站发车前，有关人员应做到：

（1）发车进路准备妥当，行车凭证已交付，出站（进路）信号机已开放，发车条件完备后，车站值班员（助理值班员）方可显示发车信号。

列车发车前，车站值班员（助理值班员）必须确认发车进路准备妥当、凭证已交付、出站（进路）信号机开放正确，亲自确认或得到有关人员关于旅客上下完毕、行包装卸完了、列检作业完毕并已撤除防护信号等，完全具备发车条件后，才能显示发车信号。

（2）司机必须确认行车凭证及发车信号显示正确后，方可起动列车。

列车起动前，司机必须确认行车凭证正确。正常情况下必须确认出站信号机显示的允许运行的信号，使用路票等行车凭证时，应确认凭证正确。同时，还必须确认车站值班员（助理值班员）显示的发车信号或发车表示器显示的发车信号，特别是夜间要认清确属对本列车的发车信号后，方可起动列车。

（3）语音记录装置良好的车站，准许使用列车无线调度通信设备发车。

为提高车站发车作业的效率，在语音记录装置良好的车站，准许使用列车无线调度通信设备发车。

六、接送列车

列车出入车站必须由接发车有关人员接送、监视列车运行和货物装载状态，及时处理危及行车和人身安全的问题。

（一）立岗接送列车

（1）接发车人员应携带列车无线调度电话，且持手信号旗（灯），站在《站细》规定的地点接送列车。

（2）注意列车运行和货物装载状态。

发现车辆燃轴、抱闸、制动梁脱落、篷布绳索脱落、货物窜动或倾斜、倒塌等危及行车安全时，要立即采取停车措施，并报告列车调度员。

【例4-13】××年×月×日，××站助理值班员在接25064次通过列车时，由于其认真立岗、严密监视，发现列车在第27位车辆燃轴，立即显示停车手信号，运转车长拉下紧急制动阀停车。之后，在将该故障车调到装卸线6道时，发生了车辆断轴（可想而知，如不是及时发现，其后果将是极为严重的）。

该铁路局就此事特召开了表彰大会，给予防止列车颠覆的这位助理值班员记大功一次，晋升工资一级，并全局通报表扬。对该次列车运转车长也给予了表扬和奖励；同时，对相邻数站未发现列车燃轴、未认真立岗的情况给予通报批评。

（3）列车进站停车时，应停在接车线警冲标内方。在设有出站信号机的线路上，列车头部不得越过出站信号机。

当列车尾部停在警冲标外方时，接车人员应使用列车无线调度电话等通知司机。当列车整列进入警冲标内方后，接车人员须显示过标信号。

发现列车运行或货物装载不正常时，要立即采取停车措施，停车后整理。

发现旅客列车尾部标志灯光熄灭时，通知车辆乘务员整理。在自动闭塞区段，通知不到时，应使列车停车处理。

发现货物列车列尾装置丢失时，应报告列车调度员，使司机在前方站停车处理。

发生其他危及行车安全的情况时，手信号的显示方式按各铁路局的规定办理。

（二）列车接近车站、进站和出站的报告

列车接近车站时，信号员（扳道员）应及时向车站值班员报告，通知有关人员立岗接车。在接、送列车时，还应向车站值班员报告列车进出站的情况，以确认列车整列出发或到达。扳道员向车站值班员报告"×号，×（次）到达"，是指列车整列到达并停于接车线警冲标内方。

【例4-14】××年××月×日，××站23011次列车到站停于Ⅱ道，列车尾部还有约半个车的位置停在警冲标外方，由于扳道员及运转车长均未注意确认，并向车站值班员盲目报告"23011次到达"。当单机50001次欲返回邻站时，司机突然发现Ⅱ道车列未过标，立即采取"非常"制动停车，防止了事故扩大，但已构成"未准备好进路发车"的险性事故。该起事故的主要责任者为接车端的3号扳道员。

因此，遇超长列车尾部（或头部）停于警冲标外方时，有关扳道员须将列车"压标"情况立即报告车站值班员，防止发生邻线盲目接发车。必要时，扳道员亦应进行防护。

（三）列车到发时刻的记录与报告

车站值班员应将列车的到达、出发和通过时刻记入《行车日志》。为使列车调度员随时掌握管辖区段内的列车运行情况，车站值班员应及时向列车调度员报点。

列车出发或通过后应向接车站报点。遇有超长列车、超限列车、单机挂车和列尾装置灯光熄灭等与接车作业有关的特殊情况，也应同时通知接车站，以便做好接车准备。此外，列车到达或通过后，还应立即向发车站报点，及时办理区间开通手续。

（四）列车到达、出发和通过时刻的确定

（1）到达时刻以列车进入车站停于指定到达线警冲标内方时刻为准。列车超过实际到达线有效长时，以第一次停车时刻为准。列车在区间内分部运行时，则以全部车辆到达车站时刻为准。

（2）出发时刻以列车机车向前进方向起动，列车在站界内（场界内）不再停车为准。列车全部发出站界后因故退回发车站再次发车时，则以第一次出发时刻为准。在分界站向邻局出发时，则以最后出发时刻为准。

（3）通过时刻以列车机车通过车站值班员室的时刻为准。

七、进路的变更

进路的变更可能造成车站作业紊乱，产生不安全因素，因此，进站或出站信号机开放后，其接车或发车进路不得随意变更。遇特殊情况必须变更时，应做到以下几点：

（1）变更接车进路时，应保证列车在进站信号机外不停车、不减速的情况下，方可关闭进站信号机，变更接车进路。设有接近锁闭的车站，当列车接近锁闭区段后，除危及行车安全外，不得变更接车进路。

（2）变更发车时路时，应先通知发车人员，确知停止发车后方可取消发车进路。列车司机持有行车凭证时，应将行车凭证收回。当发车人员已显示发车指示信号列车尚未起动时，必须通知司机后方可关闭出站信号机，取消发车进路。严禁先取消进路后通告发车人员。

（3）原规定为通过的旅客列车由正线变更为到发线接车，及特快旅客列车遇特殊情况必须变更进路，分为两种情况：一种是变更到发线通过，另一种是变更到发线接车。由于旅客列车运行速度高，在站内正线上的运行速度也不低，而列车进入到发线受侧向通过道岔速度的限制，若列车超速进入到发线，可能造成脱轨颠覆事故。有的车站虽有预告信号机，但只能预告进站信号机的开放状态，不能预告道岔开通的位置，因此，为保证旅客列车的安全，原规定为通过的旅客列车由正线变更为到发线接车，及特快旅客列车遇特殊情况必须变更进路时，除有关信号机的正常显示外，还应采取以下措施：

① 必须经列车调度员准许，并在前方站停车预告或使用列车无线调度电话预告司机。

② 来不及预告时，应使列车在站外停车后再开放进站信号机，使司机提前做好准备。

③ 对于规定在车站正线停车的旅客列车由正线变更为到发线接车时，由于司机已有在站停车的准备，可以控制列车进站速度，故不必采取上述措施。

④ 特快旅客列车通过时，作业人员须提前停止在列车的通过线路上和相邻线路通过列车一侧的作业。

第三节　接发列车作业标准

一、接发列车作业标准简介

接发列车是铁路行车工作的主要作业环节，而接发列车作业标准则更有其特殊性和重要性。长期以来，接发列车作业的安全局面往往不够稳定，有的铁路局接发列车事故曾占总事故件数的35%左右，在非正常行车情况时更甚之。

为切实提高列车质量，铁道部曾于1962年着手进行统一全路接发列车作业的工作，后因受到干扰而中止。1975年以后，一些原铁路局（齐齐哈尔、锦州等）由下而上地逐步发展起接发列车标准化作业的工作，确实对行车安全、正点率及运输效益等，起到了重要的作用。

1981年，铁道部在白城召开"学习全面质量管理，推行作业标准化"会议后，各铁路局也都相继积极展开了作业标准化工作，尤其是接发列车、调车作业，随之有客货运、乘务作业等。标准化工作的实施可说迅速收到了实效，特别是行车事故率出现大幅度下降。

1984年年初，铁道部特邀请和召集了部分铁路局和部直属有关局的专业同志，广泛交流了各局实行接发列车作业标准的经验，同时，又将《接发列车作业标准》（草案）发至各铁路局、分局及基层有关站、段，广泛征求意见，将其归纳整理，修改了"意见稿"，并于 6 月底对《接发列车作业标准》进行了审查及上报。

1984 年 8 月 2 日，铁道部批准的以"（84）铁科技字 1104 号文件"公布的 TB 1500-1506—1984《接发列车作业标准》终于诞生了，开创了我国铁路运输史和标准化史上在全路统一作业标准的新纪元。

原铁道部统一的《接发列车作业标准》自 1985 年 7 月 1 日实行以来，经 1992 的第一次修改，2003 年的第二次修改，2009 年的第三次修订，确实体现出其显著的科学性、法制性、实用性和群众性。

为便于学习和准确执行，在这里特将铁道部 2009 年 3 月 1 日开始实行的"TB 1500.1—1500.8 单双线接发列车作业标准"的全称列出：

① 双线自动闭塞集中联锁（设信号员）接发列车作业标准（TB/T 1500.1—2009）；

② 双线自动闭塞集中联锁（未设信号员）接发列车作业标准（TB/T 1500.2—2009）；

③ 单双线半自动闭塞集中联锁（设信号员）接发列车作业标准（TB/T 1500.3—2009）；

④ 单双线半自动闭塞集中联锁（未设信号员）接发列车作业标准（TB/T 1500.4—2009）；

⑤ 单双线半自动闭塞色灯电锁器联锁接发列车作业标准（TB/T 1500.5—2009）；

⑥ 单双线电话闭塞无联锁发车作业标准（TB/T 1500.6—2009）；

⑦ 单线自动站间闭塞集中联锁（设信号员）接发列车作业标准（TB/T 1500.5—2009）；

⑧ 单线自动站间闭塞集中联锁（未设信号员）发车作业标准（TB/T 1500.6—2009）。

二、作业程序及用语

为确保接发列车作业的安全稳定性，车站接发列车作业程序应按规定程序办理，并使用规定用语。随意简化甚至颠倒或遗漏作业程序及用语，势将危及行车安全。

【例 4-15】××年×月 4 日 19 时 21 分—5 日 22 时 05 分，××站 20224 次站内停车 2 道，计划交会 13193 次、3857 次后折返开（这次列车为该班组接晚班的第一批作业）。

车站值班员××盲目布置两端扳道员，准备 13193 次 2 道通过进路，两端扳道员既未出场检查确认进路，也未填记占线揭示板，竟先后汇报 2 道通过进路准备妥当。直至 13193 次接近，车站值班员出场接车时才发觉 2 道停有 20224 次，慌忙跑回行车室，用扳道电话急忙命令 1 号扳道员："改进 1 道、改进 1 道。"而 1 号扳道员却误听为"赶紧引导、赶紧引导"，放下电话就往进站信号机外跑。结果，13193 次与 20224 次正面冲突（列车颠覆，死亡 6 人、伤 1 人、货车报废 16 辆、大破 8 辆、机车报废 1 台，中断正线行车 24 小时），构成重大行车事故。

这起事故的主要责任者均被刑事处理，有关领导亦被从重给予行政处分。

（1）严重违章。违反《技规》关于"接车前，车站值班员必须亲自或通过有关作业人员确认接车线路空闲……"的具体规定。在接 1319 次前，几个作业人员均未对线路是否空闲进行现场检查，简化了作业程序。2022 次停在站内 2 道，而车站接车人员却盲目准备 1319 次 2

道通过，给事故的发生潜伏下隐患。

（2）处理不当。车站值班员在发现问题（准备通过 1319 次的 2 道，却停有 2022 次）后，应急处理不当，未迅速采取有效措施，只知道急忙命令扳道员变更进路，而不知以信号设备去阻止列车的闯入，手忙脚乱又错上加错。发生这种危及行车安全的紧急情况时，应迅速关闭进站信号机，尽可能阻止 1819 次进站闯入 2 道，以最大限度地减少事故损失。

（3）简化和颠倒作业程序。首先，在办理 1319 次通过进路时就简化作业程序，漏检接车线是否空闲；其次，当发现线路有车后应急处理中，作业程序又简化和颠倒（应先取消前发车进路的命令），用语含糊不清，未使用作业标准用语（导致"改进 1 道"误为谐音的"赶紧引导"，误解及混淆词义），严重简化和颠倒了《部标》有关规定程序及作业用语，导致事故损失惨重。

在应急处理中，更须注意执行规定的作业程序和作业用语，如车站值班员应命令扳道员："前发命令取消，1319（次）1 道通过，准备进路。"那么，1 号扳道员也就不会误听为"赶紧引导"。

所以，接发列车规定的作业程序和作业用语与行车安全的重要性和行车工作的严肃性是贯穿于每一作业环节、渗透在每一作业项目中的，必须严格执行。

第四节　相对方向同时接车和同方向同时发接列车

同时接发列车是指车站办理列车出入时的一种具有较强时机性、技术性的行车作业。

"时机性"是说在办理同时接发列车作业中，对进站、出站、进路信号的开放与关闭、进、出站列车的动态及静态等有关情况的掌握必须准确、及时、清晰。

"技术性"是指同时接发列车作业较为复杂，应根据列车运行方向、列车种类、进站信号机外制动距离内进站方向的线路坡度、车站接入或发出列车时的到发线使用、接车线末端有无隔开设备，以及列车运行图定点停车或通过等各种技术条件，综合判断两列及其以上的列车能否办理及如何办理同时接车。

当条件具备时，同时接发列车确实能有效地提高行车效率和列车通过能力。

车站同时接发列车的基本类型主要有同时接车、同时发车和同时发接列车三种。在办理时，作业人员必须准确掌握有关条件限制，严格执行各项规章要求。否则，应办理的而未办理或延误办理，则往往构成一般行车事故；不能办理的又盲目操纵、错误办理时，又常常造成险性甚至更为严重的行车事故。

【例 4-16】××年××月×日，4 时 28 分，大雾天气。××站在办理 13275 次与 13024 次进站交会时，因当时天气恶劣，而两接车线末端又都无隔开设备，根据该铁路局《行规》的规定不准办理同时接车。

由于车站值班员××违章作业，盲目将 13275 次与 13024 次同时接进站。又因 1327 次司机臆测行车，中断信号瞭望，列车以较高速度进站，直到发现接车助理值班员摇动的停车手信号后，才采取紧急制动。但列车仍冲出接车线末端道岔，与正在进站的 13025 次尾部发生侧撞，造成机车中破一台，货车大破 3 辆、中破 2 辆，中断行车 5 小时 37 分的重大行车事故。

接发列车有关人员应认真吸取事故教训，对同时接发列车的各项作业要求务必引起高度重视。

一、基本概念

（1）相对方向同时接车：指自车站一端开放进站信号机至列车全部进入接车线警冲标内停妥的时间内，也开放另一端的进站信号机，接入相对方向的列车。

（2）同方向同时发接列车：指自车站一端开放出站（进站）信号机至列车全部出站（进入接车线警冲标内方停妥）的时间内，也开放另一端的进站（出站）信号机，接入（发出）相同方向的列车。

（3）隔开设备：能将一条进路与另一条进路隔开，使两条进路的接发列车作业彼此不干扰的设备。隔开设备包括安全线、避难线及平行进路和能起隔开作用的有联锁的防护道岔。

（4）原规定为通过的列车：包括列车运行图规定为通过的列车；有关列车运行时刻的书面文件、电报规定为通过的列车；临时加开列车时，由调度命令指定为通过的列车。凡没有指定时刻的列车一律按停车列车办理。

在车站接发列车工作中，经常会遇到两个列车在站内相对方向同时接车或同方向同时发接列车的情况。为保证接发列车作业的安全，车站应根据进站方向的坡度、接车线末端有无隔开设备、闭塞方式及列车种类（性质），按有关规定确定车站能否办理相对方向同时接车或同方向同时发接列车。

二、禁止办理相对方向同时接车和同方向同时发接列车的情况

（1）进站信号机外制动距离内，进站方向为超过 6‰的下坡道，而接车线末端无隔开设备，如图 4.1 所示。

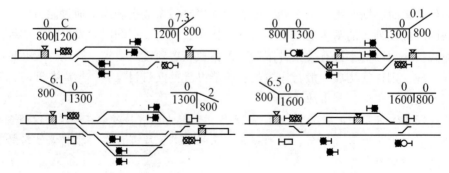

（a）相对方向同时接车　　　（b）同方向同时发接列车

图 4.1　禁止相对方向同时接车、同方向同时发接列车示意图

列车在超过 6‰的下坡道运行时，下滑力超过运行阻力。如司机不能正确施行制动，列

车进站时就可能越过接车线末端警冲标。若接车线末端无隔开设备，就有可能与正在进站的对向列车或正在出站的同向列车发生冲突。

（2）在接、发旅客列车的同时，接入列车运行监控装置或轨道车运行控制设备发生故障的列车、制动力部分切除的动车组列车而接车线末端无隔开设备。

单机、动车及重型轨道车不受上述第2项的限制。

车站应根据设备状况，将不能办理相对方向同时接车和同方向同时发接列车的情况纳入《站细》。

三、不能同时接车和不能同时发接列车的处理

相对方向两列车同时接近车站而不能同时接车时，应先将一个方向的列车接入站内停于接车线末端警冲标内方后，再接入另一列车。在确定先后顺序时，应先接后面有续行列车的列车、在站外停车后起动困难的列车以及不适于在站外停车的列车。其他情况应汇报列车调度员后遵照"先客后货、先快后慢"的原则执行。一般可考虑：旅客列车与非旅客列车交会时，应先接旅客列车；停车列车与通过列车交会时，应先接停车列车；非超长列车与超长列车交会时，应先接非超长列车；进站方向为下坡道的列车与进站方向为平道或上坡道的列车交会时，应先接进站方向为平道或上坡道的列车。

遇两列车不能同时接发时，原则上应先接后发，亦可根据列车调度员指示办理。

车站应将不能办理相对方向同时接车和同方向同时发接列车的情况纳入《站细》。

（一）后面有续行的列车

后面有续行列车的列车在站外停车后，有被续行列车追尾而发生冲突事故的可能，故应优先进站。

（二）站外停车起动困难的列车

站外停车起动困难的列车如在站外停车，当准许进站时，列车有时要后退闯坡，这样会延长会车间隔时间，浪费区间通过能力，甚至有时后退仍无法闯坡进站，还需救援机车或分部运行，这样延误的会车时间更长，通过能力损失更大。因此，站外停车起动困难的列车较其他列车（后面有续行列车的列车）应优先进站。

（三）不适宜在站外停车的列车

如果交会的两个列车中，不是后面有续行列车的列车和站外停车起动困难的列车，应先接不宜在站外停车的列车。这种列车主要有以下两种情况：

（1）根据站外线路情况确定的，如站外有长大桥梁、隧道、高大路堤以及立体交叉线路等，停车时危及行车安全和人身安全，不宜在站外停车。

（2）根据列车性质及运行要求确定的列车等级顺序，高等级列车比低等级列车更为不宜在站外停车。若列车等级相同时，可按下列顺序决定接车顺序：

① 超长列车与非超长列车交会时，应使前者在站外停车。

② 规定由车站通过的列车与非超长的停车列车交会时，应使通过列车在站外停车。

③ 站外进站方向为下坡道一端来的列车与站外进站方向为平道或上坡道（不是站外停车起动困难的列车）一端来的列车交会时，应使下坡道一端来的列车在站外停车。

禁止相对方向同时接车和相同方向同时接发列车，包括电话闭塞法（无联锁条件）的接发列车，在无联锁或联锁失效情况下的接发列车，在未设出站信号机的线路上发车和设置接发车进路信号机的纵列式车站、车场与车场间的接发列车以及引导接车等。

第五节　站内无空闲线路时的接车

站内无空闲线路是指由于事故、自然灾害、线路故障、作业组织或调度指挥不当等原因，造成车站能接车的正线、到发线及符合条件的线路均被占用或封锁时，即为站内无空闲线路（满线）。

已发生站内无空闲线路时，车站值班员应保持情绪稳定，头脑清醒，根据现场情况尽快妥善处理。一般来说，一是向列车调度员汇报，请求救援或疏通线路；二是利用站内线路上一切可利用的动力，迅速采取有效措施，千方百计尽快疏解。否则，在处理中表现得束手无策只会导致堵线情况进一步恶化。

现将站内无空闲线路接车的事故案例距离如下：

【例4-17】××年×月×日，××站因站内满线，计划1道的30226次开后接13102次，由于联系脱节，30226次出站后值班员临时发现1道留下2个车。慌忙中，车站值班员××未向调度员报告，又未迅速利用在邻线（专用线）作业的调机拉一钩，并盲目同意了13102次闭塞。因无股道接车，结果致使13102次在机外停车8 min。

造成站内无空闲线路接车的原因有很多方面的可能，但主要有以下几种：

（1）车站发生事故或站内线路故障；

（2）区间或站内的自然灾害情况，致使车站只能接车而不能发车；

（3）列车调度员、车站调度员或车站值班员行车组织及指挥不当，造成车站满线；

（4）其他人为因素而致使车站不能正常接车。

一、对接入列车的限制

站内无空闲线路时则不具备接车条件。为及时开通线路，只准接入为排除故障、事故救援、疏解车辆等所需要的救援列车、不挂车的单机、重型轨道车，因其占用线路的长度短，起停车灵便，有可能在保证安全的前提下接入站内的有车线，以保证抢险、救灾及事故救援的紧急需要。

二、接车办法

（1）接车前，车站值班员应亲自或指派有关人员确认接车线内停留车位置，并通知接车线内停留的机车、重型轨道车、动车司机禁止移动位置，防止与接入的列车发生冲突。

（2）接车时，不开放进站信号机，也不得使用引导接车办法，接车人员应站在进站信号机（双线反方向接车为站界标）外方。所接列车应在站外停车，由接车人员通知其接车线路、停留车位置、列车停车地点及注意事项，然后接车人员登乘机车（或动车、轨道车、推进运行时为前部车辆），以调车手信号旗（灯）用调车办法将列车领入站内。

（3）遇夜间或降雾、暴风雨雪天气，应派人显示停留车位置信号。

三、站内无空闲线路不能接车的防护

在站内无空闲线路或发生故障不能将列车接入站内时，一般情况由关闭的进站信号机防护车站，不必采取其他措施。

在未设机车信号的区段，车站也未设预告信号机，又遇降雾，暴风雨雪天气难以辨认进站信号机的显示时，不论昼夜均应在"放置响墩地点标"处放置响墩，辅助信号机防护车站。当列车已由邻站开来，来不及放置响墩时，应派人迎上前去，向列车显示停车信号，使列车尽快停车。

四、超长列车尾部停在警冲标外方，接入相对方向列车的办法

当超长列车尾部停在警冲标外方，由相对方向接入列车或进行调车作业时，列车或调车车列可能越过接车线末端警冲标与超长列车尾部发生侧面冲突。为防止事故的发生，应根据不同情况采取安全措施。

（1）在进站信号机外制动距离内，进站方向为上坡道、平道或不超过 6.0‰的下坡道时，无论接车线末端有无隔开设备，均可直接开放进站信号机，将相对方向的列车接入站内。

（2）在进站信号机外制动距离内，进站方向为超过 6.0‰的下坡道，接车线末端无隔开设备时，须使列车在站外停车，再开放进站信号机将列车接入站内，以防止接入列车由于进站速度太快而越过接车线末端警冲标与超长列车尾部发生侧面冲突，如图 4.2 所示。

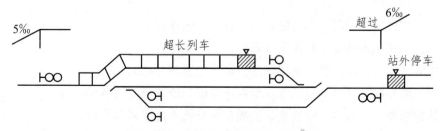

图 4.2　超长列车尾部压标会车示意图

（3）超长列车尾部停在警冲标外方，如邻线上未设调车信号机又无隔开设备，由相对方向进行调车作业时，车站必须派人以停车手信号对列车进行防护。

由于行车设备故障、列车运行计划变更或有特殊运行要求时，为确保行车安全和维持正常的行车秩序，对非正常情况下的接发列车做了专门的规定。

第六节　引导接车

一般来说，引导接车的信号显示有两种方式：一种是使用进站接车进路色灯信号机上的引导信号引导接车；另一种是引导人员站在规定的地点显示引导手信号引导接车。

引导接车时，站内线路、道岔或信号等一般已发生条件变化，并往往失去联锁作用，所以安全系数也相应降低，为此，这里将引导接车的情况判定、条件限制及作业方法等分述如下。

一、引导接车的情况确定

当车站发生需办理引导接车的情况时，车站值班员应迅速查明原因，并经慎重确定后方可按有关规定办理引导接车。要注意切不可因臆测、误判或本身操作失误，盲目办理引导接车而造成行车事故。

【例 4-18】××年×月×日 6 时 40 分至 48 分，××站 13086 次于 6 使 35 分进Ⅱ道，计划交会 25813 次，25813 次进 3 道。

办理 25813 次接车进路时，扳道员误将 5 号道岔开通Ⅱ道，车站值班员××未确认控制台表示即盲目操纵"3 道"及"进站信号"按钮，进站信号开放不了仍未予确认，却误认为进站信号断丝（控制台断丝表示灯亮灯），即开放引导信号将 25813 次引导接入停有 13086 次的Ⅱ道，幸亏司机及时发现并采取紧急制动，停车后距 13086 次仅 12 根枕木，构成性质极为恶劣的"有车线接车"的险性事故。

可见，在接发列车作业中，遇有特殊情况而需办理引导接车时，必须查明情况，慎重确定，切不可盲目办理。

凡发生下列情况之一时，车站应按引导接车办法办理：

（1）进站、接车进路信号机发生故障时；

（2）电务施工、检修，停止使用进站、接车进路信号机时；

（3）交流电停电，并储备电源亦用至规定限度，致使讯号设备停用时；

（4）轨道电路发生故障，导致进站、接车信号机不能正常显示时；

（5）向进站、接车进路信号机连锁范围以外的线路上接车时；

（6）接入双线区间反方向开来的列车时；

（7）其他原因致使进站、接车进路信号机无显示或连锁失效时。

二、引导接车条件限制

引导接车一般是在特殊情况下进行的，此时，如放松有关行车条件及限制，往往会留下事故隐患。

【例4-19】××年×月×日，禁止办理相对方向同时接车的××站因信号施工停止使用基本闭塞法改用电话闭塞法，并使用引导接车方式办理行车。在接入80001次和3853次旅客列车时，由于车站值班员××的疏忽，误将两端扳道员（兼任引导员）同时都派出引导，结果，致使两趟客运列车同时接入站内，构成"禁止办理相对方向同时接车而办理同时接车"的险性事故。

因此，为确保引导接车作业安全，就必须有一定的范围要求和条件限制：

（1）列车进站速度不得超过20 km/h。

引导接车时，行车作业情况已有变化，非同正常。因此，应控制列车进站速度在20 km/h内，以便遇有危急情况可随时停车。

（2）非到发线上接车时不得办理列车通过。

非到发线一般无联锁设备，接车线路条件较差，安全系数较低；同时，车站还须向司机传达调度命令及交递行车凭证等。为此，不得办理列车直接通过。

（3）双线区间反方向运行的列车不得办理列车通过。

这是因为列车需在双线区间改变正常的行车路线，同时，车站还须向司机传递"反方向行车"的调度命令及行车凭证等，因此，该列车亦不得在车站直接通过。

（4）禁止办理相对方向同时接车的车站（或列车）不得向车站两端同时派出引导员（或同时开放引导信号）引导接车。

（5）车站值班员指示引导员前往引导接车后，不得变更接车顺序、接车进路和接车方式。遇特殊情况必须变更时，在安全行车条件允许的情况下，车站值班员应先通知并撤回引导人员，取消前发引导命令后，方可重新发布引导接车命令。

（6）引导信号开放后，除危及人身或行车安全的紧急情形外，不得关闭。列车迫近车站时若突然关闭信号，往往会因停车不及而造成冒进信号的险性事故。

（7）未确认进路及道岔开通正确无误时，不得臆测盲目进行引导接车。有些控制台（如8505型）引导信号开放时，不能确认进路的开通状态及股道的占用与否，对另一端道岔也不起检查作用，此时，如作业人员亦不认真检查和确认进路及道岔开通是否正确，即盲目进行引导接车，则事故隐患很大。

【例4-20】××年×月×日，××站接通过的385次客车时，进站信号开放不了，控制台上的进路白色表示灯又无显示，车站值班员臆测认为进路表示灯灯泡断丝，即盲目开放引导信号，导致385次引导进站后挤岔通过。

经事故调查分析，原因是8号道岔尖轨不密贴，形成"四开状"。试想，如果是接一趟上行列车，则很可能造成列车颠覆事故。

因此，对接车进路及道岔开通状态的检查必须确认无误后，方可办理引导接车，这是该项作业中至关重要的环节。

三、引导接车作业办法

引导接车时，车站值班员应事先取得列车调度员的准许，并负责监督和确认接车进路正确无误，有关道岔已按规定加锁，引导接车的前提条件完全具备后，方可办理或指示引导接车。

引导接车时，列车凭进站（进路）信号机的引导信号或引导员的引导手信号直接进站。在确认引导接车信号无误后，司机应鸣笛一声，以示按引导办法进站。

对引导进站的列车，如在站内无停车必要并具备通过条件时，车站可办理列车通过。司机在确认开往前方站的条件符合时，可恢复正常速度运行。

引导接车时，有关信号机引导接车及手信号引导接车的作业办法分述如下：

（一）信号机引导接车

信号机上的引导信号显示方式为：进站、接车进路色灯信号机显示的一个红色灯光及一个月白色灯光——准许列车在该信号机前方不停车，以不超过 20 km/h 的速度进站或通过接车进路，并须随时准备停车。

使用信号机的引导信号接车时，车站值班员应将控制台上的引导信号按钮破封使用，并将有关情况登记在《行车设备检查登记簿》上，及时通知电务信号工区人员迅速赶往修复处理；同时，还应将有关情况及控制台上的计数器号码变动后的数字填记在《车站值班员交接班簿》上，作为车站值班员间交接班的重点内容之一。

（二）手信号引导接车

1. 引导手信号显示方式及收回时机

当进站、接车进路信号机不能使用，包括引导信号也不能开放时，车站值班员应指派引导员去规定地点显示引导手信号引导接车。

引导手信号的显示方式为：昼间——展开的黄色信号旗高举头上左右摇动；夜间——黄色灯光高举头上左右摇动。表示准许列车以不超过 20 km/h 的速度进入车场或车站，并做好随时停车的准备。

引导人员显示引导手信号接车时，应站在"引导接车地点表"之处；未设者，引导人员应站在进站、接车进路信号机或站界标外方适当地点，显示引导手信号接车。

当列车头部越过引导人员站立的地点后，即可收回引导手信号；但是，遇列车推进运行或退行的列车引导进站时，在列车前部车辆越过引导地点，并得到司机鸣笛一长声的回示后，方可收回引导手信号。

2. 手信号引导接车时的安全注意事项

（1）全神贯注、集中精力。

手信号引导接车时，对接车线路空闲的检查、列车进路的确认、有关道岔的人工加锁等项作业尤其需要专心致志，认真操纵，严格遵守"眼看、手指、口呼"一致确认的益于集中注意力的操作制度。

有时，作业人员虽貌似到"位"，但心猿意马，精力分散，仍难免会发生安全问题，有事故教训为例。

【例 4-21】××年×月×日，××车站停用半自动闭塞法改用电话闭塞法行车，车站值班员布置 294 次引导接车，准备进车站 I 道停车。扳道员××心不在焉，只将 4 号道岔开通 I 道，而进路上的 2 号道岔却未动（仍开通 3 道），并将 2 副道岔也都加了勾锁器，然后，盲目将 294 次引导接入 3 道，构成"未准备好进路接车"的险性行车事故。

（2）人员加岗、道岔加锁。

一般来说，引导接车时常常遇到进路、道岔与信号机间联锁关系失效的情况，而加强作业人员间的人工互控、人工联锁关系，对列车进路上有关对向道岔和邻线上的防护道岔实施人工加锁，不失为非正常情况下的较之有效的安全防范措施。

引导接车前，车站值班人员应指派胜任的加岗人员担当引导工作，在不能从设备确认和控制进路时，该加岗人员应负责与在岗人员共同检查确认进路正确无误，将道岔按规定予以加锁，并及时向车站值班员汇报。

引导人员接到车站值班员引导接车的命令后，应立即前往规定的地点显示引导手信号接车。

遇进站方向仅设一名扳道员，临时难以增派加岗人员，而又由该扳道员担任引导员工作时，出场引导前，对进路的再次确认、道岔加锁、进站道岔处无扳道员在岗位职守等有关规定应纳入《站细》。

（3）顺序接车、防止错办。

引导接车时，对禁止办理相对方向同时接车时，遇有列车交会而车站两端均需派出引导员引导接车时，车站值班员应在确认先进站列车进入接车线停妥后，方可命令另一端的引导员前往规定地点引导接车。

遇两列车不能同时接发时，原则上应派出引导员将进站列车先引导接入。

第七节　无联锁线路接发列车

一、无联锁线路的定义

所谓联锁，是指车站上道岔、进路及信号机其本身之间和相互之间所建立的互为制约的关系。这种关系是实现防止发生敌对进路或进路错误开通及信号错误显示等，以设备能力来保证达到保证行车安全的目的。

无联锁线路，在概念上有两种含义：一是指原装有联锁设备的线路上由于供电部门的施工检修、停电或联锁设备发生故障等原因而导致联锁失效，此时，列车（调车）进路及道岔和信号机之间联锁设备已不能相互检查并失去互控作用；二是指本身就未装设联锁设备的线路。

二、无联锁线路的作业安全

在无联锁线路上接发列车时，由于设备失控，安全系数较低，加之可能人为产生的疏忽大意或违章违纪等不利因素，极易发生事故。

【例 4-22】××年×月×日，××站设备临时故障停用半自动闭塞法改按电话闭塞法行车，车站接发车线路均处于无联锁状态。386 次客车Ⅱ道通过后，4 道还有 1130 次待发。进路上 5 号道岔仍位于闭岔状态（开通于 386 次通过的进路位置）时，3 号扳道员未经检查和确认，却盲目汇报"4 道发车进路好"，结果，造成 1130 次挤坏 5 号道岔出站，构成"未准备好进路发车"的险性事故。

【例 4-23】××年×月××日，××站因大雪造成交流电停电，直流电源又供电不足，致使停用基本闭塞法改按电话闭塞法行车，并以手信号引导办法接车。由于扳道员 XXX 将 385 次旅客列车进路错扳至已被 2582 次货物列车占用的 2 道，并又盲目汇报，造成 385 次进站后与 2582 次发生正面冲突的重大行车事故，客货列车均损失较重，这起事故的直接经济损失及救援费用达 25.22 万元。

上述两起事故都是无联锁线路上接发列车的进路问题，一则是严重违纪而"忘扳"，另一则是盲目违章而"错扳"。据有关部门对非正常情况接发列车时发生的事故概率作的定量分析，在无联锁线路上接发列车时发生行车事故概率最高的作业环节是：

（1）布置和检查接发列车进路；

（2）确认区间空闲；

（3）检查接车线空闲。

所以，为保证无联锁线路上的接发列车作业安全，对这三处作业环节尤其要引起重视。

（一）确认区间空闲

在非正常情况下办理接发列车时，应根据闭塞方式来确认区间空闲，使用电话闭塞的车站根据《行车日志》上列车到达的电话记录号码，同时，还应根据有关簿册记录（如轻型车辆使用登记、工电部门的施工检修登记、封锁区间的调度命令等）以及有关揭挂表示牌等来确认区间是否空闲。

（二）检查接车线空闲

接发列车时，车站对接车线是否空闲的检查主要采取以下几种办法：

（1）现场目视检查。在昼间天气良好时，由现场接车值班员、两端扳道员分别站在接车线路中心，以"眼看、手指、口呼"一致确认的检查办法，确认接车线路空闲。

（2）分段现场检查。在夜间或昼间天气恶劣，或地处曲线直接目视检查接车线空闲有困难时，车站值班员、助理值班员与两端扳道员应按《站细》所划分的地段，以互对股道号码信号或分段步行检查确认接车线空闲。

（3）辅助检查。当车站正线、到发线上有列车、车辆占用时，在行车室控制台上盘面的按钮（或手柄）上夹挂"列车占用""存有车辆"等字样的表示牌，并在行车室的"占线揭示板"上填记列车车次或存车代号、符号等，以便接发列车人员用于辅助记忆及检查线路占用情况。

（三）确认进路无误

为保证无联锁线路上接发列车进路的正确性，有关人员应做到：

（1）扳道员须认真执行"一看、二扳（摇）、三确认、四显示（汇报）"的作业制度，严格按车站值班员的指示，正确及时地准备进路，"眼看、手指、口呼"一致检查确认接发车进路正确无误，并按规定将有关道岔人工加锁。

（2）引导员（由胜任的在岗人员担当，未设时，由扳道员兼任）在出场引导接车前，必须再度确认接车进路上每一副道岔位置正确无误，并报告车站值班员后，方可前往规定地点进行手信号引导接车。

（3）现场发车的助理值班员应与有关扳道员以对道方式相互确认列车进路正确无误。

三、非到发线上作业安全

所谓"非到发线"，泛指车站正线、到发线以外的，特殊情况下亦可直接代用于接发列车的线路。

但非到发线往往是未装设出站信号机的线路，该线路上的道岔一般未与进路及信号机构成联锁关系，有些型号的道岔又不能满足《技规》对接发列车的安全要求。所以，在这种线路上接发列车时，尤其要注意进路的确认、道岔的加锁，否则，往往因"准备进路"问题而导致行车事故。

【例4-24】××年×月××日，××站因到发线均满线而在6道（非到发线上）发出2032次。扳道员××未将发车进路上的道岔开通就盲目汇报，发车值班员又未人工互控加强现场确认即予发车，致使2032次挤岔出发，构成"未准备好进路发车"的行车险性事故。

为此，在非到发线上办理接发列车时，有关作业人员必须对关键岗、关键点加强人工互控，同时，应注意做好下列有关事项：

在非到发线上接发列车时，应事先取得列车调度员的准许，并将该调度命令抄送司机。

自动、半自动闭塞的车站，在未设出站信号机的线路上发车时，应停止使用基本闭塞法，改用电话闭塞法办理行车；

车站值班员应亲自或指派胜任人员确认列车进路正确无误，进路上有关对向道岔及邻线上的防护道岔加锁；

　　使用进站、接车进路色灯信号机的引导信号或引导员手信号引导接车时，列车进站速度不得超过 20 km/h，并做好随时停车的准备。

思 考 题

1. 接发列车线路使用时应遵守哪些原则？
2. 接发列车工作中车站值班员应亲自办理的事项有哪些？
3. 影响接发列车进路的调车作业有哪些？
4. 哪些线路上禁止停留机车车辆？
5. 什么是隔开设备？
6. 什么是相对方向同时接列车？什么是同方向同时发接列车？
7. 禁止办理相对方向同时接车和同方向同时发接列车的情况有哪些？
8. 为保证作业安全，引导接车时有哪些限制？

第五章 行车事故处理及案例分析

"安全第一、预防为主",是铁路运输生产的一贯方针,是完成运输生产任务的基本保证。全国几百万铁路运输职工长年累月地战斗在近 10 万多 km 的铁路线上,根据当前铁路职工素质、设备质量、管理水平的现实情况,一件事故不出,那是不现实的。铁路安全运输工作要求我们:一方面,要积极认真地进行事故预防,做到防患于未然;另一方面,万一发生事故就应积极采取措施,迅速抢救,尽量减小或防止扩大事故损失,并认真调查,找出原因,分清责任,吸取教训,制定对策,防止同类事故再次发生。

第一节 《事规》的性质、作用及行车事故分类、通报

原铁道部颁发的《铁路交通事故调查处理规则》(以下简称《事规》),为我们及时正确地处理铁路行车事故提供了可靠的依据。

自 1949 年 6 月 10 日编制的第一部《事规》(当时叫《铁路运转事故报告规则》)施行以来,随着铁路的不断发展和客观要求,多次修订并施行,对推动安全生产、及时正确地处理行车事故起到了很好的作用。

一、制定《事规》的目的

编制或修订《事规》是为了及时地处理行车事故,维护铁路运输秩序,贯彻执行"安全第一,预防为主"的安全生产方针,使铁路运输更好地为国民经济建设服务。

二、《事规》的性质

《事规》是党的安全生产方针在铁路运输生产过程中的具体体现,它具有明显的法律性

质，是铁路运输的主要规章之一，是衡量指导铁路安全生产，处理行车事故的依据。为了确保铁路行车安全，必须做到以下几点：

（1）加强领导。这是搞好安全生产的首要条件，要求各级领导必须把安全生产工作摆在重要的议事日程上。

（2）加强职工的思想政治教育，牢固树立"安全第一"的思想。这是搞好安全生产工作的基础。

（3）严格遵守劳动纪律，认真执行规章制度。这是搞好安全生产工作的根本保证。

（4）依靠科学，采用新技术，加强职工培训，提高技术水平和技术设备质量，对坚持安全生产和防止事故的有功人员给予表扬和奖励。

（5）提高警惕，防止坏人破坏。

（6）发生行车事故后采取积极措施，迅速抢救，尽量减少损失。认真调查研究，找出事故原因，准确定性定责，吸取教训，制定安全措施，防止同类事故再次发生。对事故责任者，根据事故性质和情节给予批评教育、纪律处分，直至给予经济或法律制裁。事故性质、情节严重的要逐级追究领导责任，发生责任事故要影响本部门或本单位的安全成绩。

对事故应按《事规》规定的时间和要求及时上报。对拖延事故处理、推脱责任、隐瞒不报或不如实反映情况的，应予以严肃批评教育，直至纪律处分。

三、铁路行车事故分类

凡在行车工作中，因违反规章制度、违反劳动纪律、技术设备不良或其他原因，造成人员伤亡、设备损坏、经济损失、影响正常行车或危及行车安全的，均构成行车事故。

按照事故性质、损失程度以及对行车造成的影响，铁路行车事故分为特别重大事故、重大事故、较大事故和一般事故四个等级。

（一）特别重大事故构成条件

列车发生冲突、脱轨、火灾、爆炸或调车作业（包括机车车辆整备作业）发生冲突、脱轨，有下列情形之一的为特别重大事故：

（1）造成30人以上死亡。

（2）造成100人以上重伤（包括急性工业中毒，下同）。

（3）造成1亿元以上直接经济损失。

（4）繁忙干线客运列车脱轨18辆以上并中断铁路行车48 h以上。

（5）繁忙干线货运列车脱轨60辆以上并中断铁路行车48 h以上。

（二）重大事故构成条件

有下列情形之一的为重大事故：

（1）造成 10 人以上 30 人以下死亡。

（2）造成 50 人以上 100 人以下重伤。

（3）造成 5 000 万元以上 1 亿元以下直接经济损失。

（4）客运列车脱轨 18 辆以上。

（5）货运列车脱轨 60 辆以上。

（6）客运列车脱轨 2 辆以上 18 辆以下，并中断繁忙干线铁路行车 24 h 以上或者中断其他线路铁路行车 48 h 以上。

（7）货运列车脱轨 6 辆以上 60 辆以下，并中断繁忙干线铁路行车 24 h 以上或者中断其他线路铁路行车 48 h 以上。

（三）较大事故构成条件

有下列情形之一的为较大事故：

（1）造成 3 人以上 10 人以下死亡。

（2）造成 10 人以上 50 人以下重伤。

（3）造成 1 000 万元以上 5 000 万元以下直接经济损失。

（4）客运列车脱轨 2 辆以上 18 辆以下。

（5）货运列车脱轨 6 辆以上 60 辆以下。

（6）中断繁忙干线铁路行车 6 h 以上。

（7）中断其他线路铁路行车 10 h 以上。

（四）一般事故构成条件

一般事故分为：一般 A 类事故、一般 B 类事故、一般 C 类事故、一般 D 类事故。

有下列情形之一，未构成较大以上事故的，为一般 A 类事故：

A1. 造成 2 人死亡。

A2. 造成 5 人以上 10 人以下重伤。

A3. 造成 500 万元以上 1000 万元以下直接经济损失。

A4. 列车及调车作业中发生冲突、脱轨、火灾、爆炸、相撞，造成下列后果之一的：

A4.1　繁忙干线双线之一线或单线行车中断 3 h 以上 6 h 以下，双线行车中断 2 h 以上 6 小时以下。

A4.2　其他线路双线之一线或单线行车中断 6 h 以上 10 h 以下，双线行车中断 3 h 以上 10 h 以下。

A4.3　客运列车耽误本列 4 h 以上。

A4.4　客运列车脱轨 1 辆。

A4.5 客运列车中途摘车 2 辆以上。

A4.6 客车报废 1 辆或大破 2 辆以上。

A4.7 机车大破 1 台以上。

A4.8 动车组中破 1 辆以上。

A4.9 货运列车脱轨 4 辆以上 6 辆以下。

有下列情形之一，未构成一般 A 类以上事故的，为一般 B 类事故：

B1. 造成 1 人死亡。

B2. 造成 5 人以下重伤。

B3. 造成 100 万元以上 500 万元以下直接经济损失。

B4. 列车及调车作业中发生冲突、脱轨、火灾、爆炸、相撞，造成下列后果之一的：

B4.1 繁忙干线行车中断 1 h 以上。

B4.2 其他线路行车中断 2 h 以上。

B4.3 客运列车耽误本列 1 h 以上。

B4.4 客运列车中途摘车 1 辆。

B4.5 客车大破 1 辆。

B4.6 机车中破 1 台。

B4.7 货运列车脱轨 2 辆以上 4 辆以下。

有下列情形之一，未构成一般 B 类以上事故的，为一般 C 类事故：

C1. 列车冲突。

C2. 货运列车脱轨。

C3. 列车火灾。

C4. 列车爆炸。

C5. 列车相撞。

C6. 向占用区间发出列车。

C7. 向占用线接入列车。

C8. 未准备好进路接、发列车。

C9. 未办或错办闭塞发出列车。

C10. 列车冒进信号或越过警冲标。

C11. 机车车辆溜入区间或站内。

C12. 列车中机车车辆断轴，车轮崩裂，制动梁、下拉杆、交叉杆等部件脱落。

C13. 列车运行中碰撞轻型车辆、小车、施工机械、机具、防护栅栏等设备设施或路料、坍体、落石。

C14. 接触网接触线断线、倒杆或塌网。

C15. 关闭折角塞门发出列车或运行中关闭折角塞门。

C16. 列车运行中刮坏行车设备设施。

C17. 列车运行中设备设施、装载货物（包括行包、邮件）、装载加固材料（或装置）超限（含按超限货物办理超过电报批准尺寸的）或坠落。

C18. 装载超限货物的车辆按装载普通货物的车辆编入列车。

C19. 电力机车、动车组带电进入停电区。

C20. 错误向停电区段的接触网供电。

C21. 电化区段攀爬车顶耽误列车。

C22. 客运列车分离。

C23. 发生冲突、脱轨的机车车辆未按规定检查鉴定编入列车。

C24. 无调度命令施工，超范围施工，超范围维修作业。

C25. 漏发、错发、漏传、错传调度命令导致列车超速运行。

有下列情形之一，未构成一般 C 类以上事故的，为一般 D 类事故：

D1. 调车冲突。

D2. 调车脱轨。

D3. 挤道岔。

D4. 调车相撞。

D5. 错办或未及时办理信号致使列车停车。

D6. 错办行车凭证发车或耽误列车。

D7. 调车作业碰轧脱轨器、防护信号，或未撤防护信号动车。

D8. 货运列车分离。

D9. 施工、检修、清扫设备耽误列车。

D10. 作业人员违反劳动纪律、作业纪律耽误列车。

D11. 滥用紧急制动阀耽误列车。

D12. 擅自发车、开车、停车、错办通过或在区间乘降所错误通过。

D13. 列车拉铁鞋开车。

D14. 漏发、错发、漏传、错传调度命令耽误列车。

D15. 错误操纵、使用行车设备耽误列车。

D16. 使用轻型车辆、小车及施工机械耽误列车。

D17. 应安装列尾装置而未安装发出列车。

D18. 行包、邮件装卸作业耽误列车。

D19. 电力机车、动车组错误进入无接触网线路。

D20. 列车上工作人员往外抛掷物体造成人员伤害或设备损坏。

D21. 行车设备故障耽误本列客运列车 1 h 以上，或耽误本列货运列车 2 h 以上；固定设备故障延时影响正常行车 2 h 以上（仅指正线）。

四、《事规》内容解释

1. 机车车辆

机车车辆包括铁路机车、客车、货车、动车、动车组及各类自轮运转特种设备等。

自轮运转特种设备：指在铁路营业线上运行的轨道车及铁路施工、维修专用车辆（包括轨道起重机、架桥机、铺轨机、接触网架线车、放线车、检修车、大型养路机械等）。

2. 运行过程中

运行过程中指铁路机车车辆运行的全过程，也包括在其运行中的停车状态。

3. 行　人

行人指在铁路线路上行走、停留的自然人（包括有关铁路作业人员）。

4. 其他障碍物

其他障碍物指侵入铁路限界及线路，并影响铁路行车的动态及静态物体。

5. 相　撞

相撞指铁路机车车辆在运行过程中与行人、机动车、非机动车、牲畜及其他障碍物相互碰、撞、轧，造成人员伤亡、设备设施损坏。

6. 列车发生火灾

列车发生火灾指列车起火造成机车车辆破损影响行车设备设施正常使用，或发生人员伤亡、货物、行包烧毁等。

7. 列车发生爆炸

列车发生爆炸指机车车辆在运行过程中发生爆炸，造成其设备损坏，墙板、车体变形或出现孔洞，影响正常行车。

8. 正　线

正线指连接车站并贯穿或直股伸入车站的线路。

9. 列　车

列车指编成的车列并挂有机车及规定的列车标志。单机、自轮运转特种设备，虽未完全具备列车条件，亦应按列车办理。

客运列车：指旅客列车（含动车组）、按客车办理的回送空客车车底及其他列车。

货运列车：指客运列车以外的其他列车。

军用列车除有特殊通知外，均视为货运列车。

列车与其他调车作业的机车车辆等互相冲撞而发生的事故，定为列车事故。列车在站内以调车方式进行摘挂或转线而发生事故，定为调车事故。

客运列车或客运列车摘下本务机车后的车列，被货运列车、机车车辆冲撞造成的事故，以及客运列车在中途站进行摘挂（包括摘挂本务机车）或转线作业发生的事故，均定为客运列车事故。

区间调车作业、机车车辆溜入区间，发生冲突、脱轨事故时，定为列车事故。在封锁区间内调车作业发生事故，定为调车事故。

10. 冲　突

（1）冲突指列车、机车车辆互相间或与轻型车辆、设备设施（如车库、站台、车挡等）

发生冲撞，致使机车车辆、轻型车辆、设备设施等破损。

（2）在列车运行中由于人为失职或设备不良等原因，将车辆挤坏或拉坏构成中破及其以上程度，或在调车作业中由于人为失职或设备不良等原因，将车辆挤坏或拉坏构成大破以上程度时，亦按冲突论。

（3）由于机车车辆冲撞造成货物窜动将车辆撞坏、挤坏时，定冲突事故，并根据所造成的后果，确定事故等级。

11. 脱　轨

（1）脱轨指机车车辆的车轮落下轨面（包括脱轨后又自行复轨），或车轮轮缘顶部高于轨面（因作业需要的除外）。每辆（台）只要脱轨1轮，即按1辆（台）计算。

（2）由于车辆脱轨造成货物窜动将车辆撞坏、挤坏，应根据造成的后果，确定事故性质。

12. 繁忙干线

繁忙干线指京哈（不含沈山线）、京沪、京广、京九（含广州至深圳段）、陇海、沪昆（不含株洲至昆明段）线及客运专线。

繁忙干线单线：指连接繁忙干线的联络线。

其他线路：系指繁忙干线以外的线路。新交付使用的线路等级分类，在交付时公布。在连接不同等级线路的车站发生事故时，按繁忙干线算。

13. 中断铁路行车

中断铁路行车指不论事故发生在区间还是站内，造成铁路单线、双线区间或双线区间之一线不能行车。中断行车的时间，由事故发生时间起（列车火灾或爆炸由停车时间算起）至恢复客货列车原牵引方式连续通行时止。

如列车能在站内其他线通行，又回到原正线上进入区间的，不按中断行车算。

施工封锁区间发生冲突或脱轨的行车中断时间，从事故发生前原计划开通的时间起计算。

14. 耽误列车

耽误列车指列车在区间内停车；通过列车在站内停车；列车在始发站或停车站晚开、在运行过程中超过图定的时间（局管内）或调度员指定的时间；列车停运、合并、保留。

15. 客运列车中途摘车

客运列车中途摘车指编挂在客运列车中的车辆发生冲突、脱轨、火灾、爆炸、相撞未达到中破及以上程度，不能运行，必须在途中摘下　（不包括始发站和终到站）。

16. 占用线

占用线指车站内已办理进路的线路或停有机车车辆的线路或已封锁的线路。

列车前端越过进站（进路）信号机或站界标即构成"向占用线接入列车"。按《铁路技术管理规程》第283条规定办理的列车除外。

17. 发生冲突、脱轨的机车车辆，未经检查鉴定编入列车运行

未按规定通知检查或未按规定检查，擅自编入列车，按本项论。

18. 自轮运转设备

自轮运转设备指无需铁路货车装运，能依靠自有轮对在铁路上运行，但须按货物向铁路办理托运手续的机械和设备。包括编入列车的自轮运转特种设备、无火回送机车等。

19. 无调度命令施工，超范围施工，超范围维修作业

包括未按规定在车站登记要点进行施工、维修作业的，施工点前超范围准备的，未按规定施工维修作业内容进行作业的，均按本项论。

20. 漏发、错发、漏传、错传调度命令导致列车超速运行

列车运行监控装置未输或错输限速指令、机车出库后司机未接到线路限速命令，致使列车超过规定限速运行，按本项论。

21. 挤道岔

挤道岔指车轮挤过或挤坏道岔。

22. 错办或未及时办理信号导致列车停车

错办或未及时办理信号导致列车停车指：（1）因办理不及时或忘办、错办信号使列车在站外或站内停车；（2）禁止同时接车的车站或不准同时接入站内的列车，误使两列车均在站外停车；（3）接发列车人员未及时或错误显示手信号，使列车停车。

23. 错误办理行车凭证发车或耽误列车

错误办理行车凭证发车或耽误列车指与邻站已办妥闭塞手续，但由于未交、错交、未拿、错拿、漏填、错填行车凭证；自动闭塞、自动站间闭塞、半自动闭塞区间未开放出站（进路）信号机发车或耽误列车。

行车凭证交与司机或运转车长显示发车手信号后（车站直接发车时为发车人员显示手信号后），发现行车凭证错误，亦为错误办理行车凭证发车。

填写的行车凭证，错填、漏填电话记录号码、车次、区间、地点时，按本项论。

自动闭塞、自动站间闭塞、半自动闭塞区间未开放出站（进路）信号机，列车起动停车未越过信号机或警冲标时，视同一般 D 类事故情形。越过关闭的停车信号或警冲标时，视同一般 C 类事故情形。

24. 调车作业碰轧脱轨器、防护信号或未撤防护信号动车

脱轨器：指固定脱轨器及移动脱轨器。

防护信号：指防护施工、装卸及机车车辆检修整备作业的固定信号或移动信号。

机车车辆碰上、轧上脱轨器或防护信号即算。对插有停车信号的车辆，碰上车钩及未撤防护信号动车，按本项论。

25. 施工、检修、清扫设备耽误列车

如因特殊情况需要延长施工时间时，须提前通知车站值班员、列车调度员，经列车调度员承认后（发布调度命令）耽误列车时，不定事故。

施工、检修、清扫设备人员躲避不及，造成列车停车，按本项论。

26. 滥用紧急制动阀耽误列车

滥用紧急制动阀耽误列车指违反《铁路技术管理规程》第271条第4款的规定使用紧急制动阀。

27. 擅自发车、开车、停车、错办通过或在区间乘降所错误通过

擅自发车：指车站发车人员未确认出站信号，运转车长未得到发车人员的发车指示信号，车站发车人员未确认运转车长发车手信号直接发车。

擅自开车：指司机未得到车站发车人员或运转车长的发车信号而开车。

擅自停车：指在正常情况下，不应停车而停车。

错办通过：指应停车的客运列车而错办通过（不包括列车调度员按照列车运行情况临时调整变更通过的列车）。

28. 错误操纵、使用行车设备耽误列车

错误操纵、使用行车设备耽误列车指作业人员违反操作规程耽误列车或使用方法不当造成机车车辆等行车设备损坏耽误列车。

29. 列车运行中碰撞轻型车辆、小车、施工机械、机具、防护栅栏等设备设施或路料、坍体、落石：刮上、碰上或轧上即算

小车：指人工推行的作业车、检测车、梯车等。

路料：指钢轨、道砟、轨枕、道口铺面板等。

施工机械：指起道机、捣固机、螺栓紧固机、弯轨器、撞轨器、切轨机、轨缝调整器、拨道器等。

机具：指施工、维修作业中使用的动力扳手、撬杠等。

列车运行中碰撞道砟未造成机车车辆损坏或人员伤亡的，不按本项论。

30. 应安装列尾装置而未安装发出列车

有规定或调度命令的不按本项论。

31. 行包、邮件装卸作业耽误列车

行包、邮件装卸作业耽误列车指在装卸作业过程中因组织不当耽误列车，包括超载偏载、侵限或机动车（包括平板车）侵限、掉进股道、抢越平过道耽误列车。

32. 作业人员伤亡

作业人员伤亡指在铁路行车相关作业过程中发生的，与企业管理、工作环境、劳动条件、生产设备等有关的，违反劳动者意愿的人身伤害，含急性工业中毒导致的伤害。

33. 作业过程

作业过程指作业人员在本职工作岗位上或领导临时指派的工作岗位上，在工作时间内从事铁路企业生产经营活动的全过程。作业人员请假离开、返回工作岗位、下班离岗、退勤退乘等尚未离开其作业场所的，均视为作业过程。

工作时间：原则上以现行各种班制、乘务交路规定的工作时间和铁路综合计算工时工作

制为依据。若不在规定的工作时间内，但属于因生产经营、工作需要而临时占用的时间，也视为工作时间。

34. 事故伤害损失工作日

事故伤害损失工作日指作业人员在事故中导致伤残、死亡，造成劳动能力损失的程度，以工作日为度量单位。"事故伤害损失工作日"与实际歇工天数不同，确定某种伤害的事故伤害损失工作日数的具体数值，应以《事故伤害损失工作日标准》GB/T 15499—1995）为依据查定。

35. 作业人员重伤

作业人员重伤指造成作业人员肢体残缺或某些器官受到严重损伤，致使人体长期存在功能障碍或劳动能力有重大损失的伤害。按照《事故伤害损失工作日标准》（GB/T 15499—1995）查定，其伤害部位及受伤害程度对应的事故伤害损失工作日或多处负伤其损失工作日合并计算等于或超过 300 个工作日的，属于重伤；该标准未作规定的，按实际歇工天数确定，实际歇工天数超过 299 天的，按 299 天统计；各伤害部位计算数值超过 6 000 天的，按 6 000 天统计。作业人员死亡，其事故伤害损失工作日按 6 000 个工作日统计。

36. 急性工业中毒事故

急性工业中毒事故指生产性毒物一次或短期内，通过人的呼吸道、消化道或皮肤大量进入体内，使人体在短时间内发生病变，导致中断工作，须进行急救处理，甚至死亡的事故。中毒程度通常分为轻度、中度和重度中毒。按照有关规定，凡是住院治疗的急性工业中毒，均按重伤报告、统计和处理。

37. 伤亡人数发生变化

伤亡人数发生变化指轻伤发展成重伤，重伤发展成死亡，以及伤亡人数发生变化等情况。

38. 作业人员

作业人员指参加铁路行车相关作业的所有从业人员，含已参加铁路企业生产经营活动，与铁路用人单位形成事实劳动关系的人员。

39. 职业禁忌症

职业禁忌症指某个工作岗位因其特殊性而对从业人员患有的可能造成事故的疾病作出限制的范围。如视力减退对于机车乘务员；恐高症、高血压对于电力工、架子工；高血压、心脏病对于巡道工、调车人员等均属职业禁忌症。

40. 事故责任待定

事故责任待定指事故原因、责任尚未查清，需待认定的情况。事故件数暂时统计在发生月，若最后认定为非责任事故，则予以变更。

41. 人员失踪

人员失踪指发生事故后找不到尸体，如在河流湖泊中沉溺、泥石流中掩埋等，与出走不归等情况不同，无需经法院认定。

42. 交叉作业

交叉作业指分别属于两个或两个以上企业的作业区域相互重叠，从业人员在同一作业场所各自作业，包括铁路作业人员在专用线内取送车等作业。

43. 因正常手术治疗而加重伤害程度

因正常手术治疗而加重伤害程度指从业人员在事故中受伤后，为避免伤势恶化而必须实施截肢、器官摘除等手术措施，致使伤害程度加重的情况。

44. 未准备好进路

进路：（1）接入停车列车时，由进站信号机起至接车线末端计算该线有效长度的警冲标或出站信号机止的一段线路；（2）发出列车时，由列车前端起至相对进站信号机或站界标为止的一段线路；（3）通过列车时，为该列车通过线两端进站信号机或站界标间的一段线路。

未准备好进路：（1）进路上的道岔未扳、错扳、临时扳动或错误转动；（2）进路上有轻型车辆（包括拖车）、小车及其他能造成脱轨的障碍物（不包括其他交通车辆）；（3）邻线的机车车辆越过警冲标；（4）违反《铁路技术管理规程》第 279 条禁止办理相对方向同时接车和同方向同时发接列车的规定而办理同时接车或发接列车；（5）超限列车（包括挂有超限货物车辆的列车）、客运列车由于错误办理造成进入非固定股道。

接入停车或通过的列车，列车前端进入进站（进路）信号机或站界标以及发出的列车起动均算本项。

设有进路信号机的车站，分段接发列车时，按分段算。如果每段都发生，每段各定 1 件事故；如果一次准备的全通路，为一个进路，定 1 件事故。

凡由于信号联锁条件错误或有关人员违章作业，致使信号错误升级显示进行信号或强行开放进行信号，造成耽误列车或列车已按错误显示的进行信号运行，虽未造成后果，均定事故。

45. 未办或错办闭塞发出列车

未办或错办闭塞发出列车指未和邻站、线路所、车场办理闭塞手续，或办理闭塞的区间与列车运行的区间不一致而发出的列车。列车前端越过出站信号机（包括线路所通过信号机）或警冲标即构成。客运列车错办闭塞的区间虽与列车的运行区间一致，亦按本项论。

没有调度命令，擅自改变或错列列车运行径路，亦按本项论。

未按规定办理手续而越出站界调车时，亦按本项论。

46. 列车冒进信号或越过警冲标

列车冒进信号或越过警冲标指列车前端任何一部分越过地面固定信号显示的停车信号；停车列车越过到达线末端计算该线有效长度的警冲标或轧上线路脱轨器（系指用于接发列车起隔开作用的脱轨器）时亦算。双线区间反方向运行，列车冒进站界标，亦按本项论。

在制动距离内，由于误碰、错办或维修设备致使临时变更信号显示、信号关闭或临时灭灯，造成列车冒进信号时，不论联锁条件是否解锁，亦按本项论。

在制动距离内信号自动关闭或临时灭灯，在进路联锁条件不解锁的情况下，列车冒进信号时，不按本项论。

47. 机车车辆溜入区间或站内

机车车辆溜入区间或站内指以进站信号机或站界标为界，机车车辆由站内溜入区间或由区间、专用线溜入站内，在区间岔线内停留的机车车辆溜往正线越过警冲标，亦按本项论。

48. 断　轴

机车车辆出段、出厂或由固定停放地点开出后，发生即算。列车中的车辆在运行、停留或始发、到达检查时发现即算。

49. 关闭折角塞门发出列车或运行中关闭折角塞门

列车前端越过出站信号机或警冲标即算。

采用双管供风的列车因错接风管发出列车，按本项论。

50. 电力机车、动车组带电进入停电区

电力机车、动车组带电进入停电区指电力机车、动车组未降弓断电进入已经停电的接触网区。

51. 占用区间

占用区间指：（1）区间内已进入列车；（2）区间已被列车取得占用的许可（包括准许时间内未收回的出站、跟踪调车凭证）；（3）封锁的区间（属于《技规》第265、第302、第310条的情况下除外）；（4）区间内有停留或溜入的机车车辆、施工作业车辆，列车发出后溜入的亦算；（5）发出进入正线的列车而区间内道岔向岔线开通；（6）邻线已进入禁止在区间交会的列车。

列车前端越过出站信号机或警冲标即算向占用区间发出列车。

五、机车车辆报废及大中破条件

（一）机车报废条件

（1）一次修理费用超过该型机车新车现价60%的。

（2）机车主要配件（主变压器、柴油机、转向架、主车架、承载式车体）破损严重，不能恢复基本性能的。

（二）机车大破条件

1. 蒸汽机车
下列各部件之一必须解体修复时：
锅炉、车架、汽缸（煤水车按货车办理）。

2. 内燃机车
（1）下列各项之一必须大修修复时：
柴油机、转向架。

（2）车体及各梁按货车有关规定办理。

3. 电力机车

（1）下列各项之一必须大修修复时：

主变压器、转向架。

（2）车体及各梁按货车有关规定办理。

（三）机车中破条件

1. 蒸汽机车

下列各部件之一必须更换时：

轮对、滑板托架（煤水车按货车办理）。

2. 内燃机车

（1）下列各项之一必须大修修复时：

三台牵引电动机、轮对、主发电机、液力变速箱。

（2）转向架、车体及各梁按货车有关规定办理。

3. 电力机车

（1）下列各项之一必须大修修复时：

三台牵引电动机、轮对。

（2）转向架、车体及各梁按货车有关规定办理。

（四）客车报废条件

符合下列条件之一时：

（1）外墙、顶板需全部分解，并需更换铁立柱达 2/3。

（2）需要解体更换中梁。

（3）中、侧梁垂直弯曲超过 200 mm 或横向弯曲超过 100 mm。

（4）两根侧梁折损或一根侧梁及两根端梁折损。

（5）车底架扭曲，其倾斜度在车底架 1 m 以内超过 70 mm 或全部车底架超过 300 mm。

（6）底体架破损程度较大或火灾事故后严重变形，以及旧杂型客车腐蚀、破损严重，经鉴定无修复价值。

（五）货车报废条件

（1）需要更换中梁一根及切换另一根中梁的。

（2）需要更换中梁一根及底架上的枕、横梁 40%的。

（3）需要更换中梁一根及侧梁一根的。

（4）因事故底、体架破损严重、确无修复价值（如钢质焊接结构车，底、体架需解体 1/2 以上的）。

各梁更换条件：需截换全梁长度 25%以上；或补强板超过梁高 1/2，且各块补强板长度总和超过梁长 25%的。

（六）车辆大破条件

破损程度达到下列条件之一时：

（1）中梁、侧梁、端梁、枕梁中任何一种弯曲或破损合计够二根（中梁每侧按一根计算）。

（2）牵引梁折断二根，或折断一根加上述各梁弯曲或破损一根（贯通式中梁牵引部分按中梁算，非贯通式及无中梁的按牵引梁计算）。

（3）货车车体（底架以上部分，以下同）破损或凹凸变形（不包括地板），敞车面积达50%，棚车、冷藏车、罐车、守车面积达30%。火灾或爆炸烧损计算车体面积时，包括地板在内。0.8 m以下低边车和平车发生火灾或爆炸烧损面积达90%（包括端、侧板及地板）。

（4）客车、机械冷藏车、发电车车体破损，需施修车棚椽子、侧梁、侧柱、通过台顶棚中梁、车棚内角柱、端柱之任何一项。

（5）机械冷藏车、发电车、柴油机、发电机破损任何一项需要大修时。

（6）客车、发电车火灾或爆炸内部烧损需要修换的面积达 20 m^2（包括顶、端、侧、地、门板以及间隔板）。

（七）车辆中破条件

破损程度达到下列条件之一时：

（1）中梁、侧梁、端梁、枕梁中任何一根弯曲或破损。

（2）牵引梁折断一根（牵引梁定义与大破同）。

（3）货车车体破损凹凸变形（不包括地板），敞车面积达 25%，棚车、冷藏车、罐车、守车面积达 15%。火灾或爆炸烧损计算车体面积时，包括地板在内。0.8 m 以下低边车和平车发生火灾或爆炸烧损面积达 50%（包括端、侧板及地板）。

（4）转向架的侧架、摇枕、均衡梁或轮对破损需要更换任何一项。

（5）机械冷藏车、发电车的冷冻机、柴油机、发电机破损任何一项需要段修时。

（6）客车、发电车火灾或爆炸内部烧损需要换修的面积达 10 m^2（包括顶、端、侧、地、门板以及间隔板）。

（八）动车组报废条件

符合下列条件之一时：

（1）修理费用超过该型动车组新车现价 70%的。

（2）动车组主要配件（主变压变流器、转向架）破损严重，不能恢复基本性能的。

（3）车体结构变形或破损严重，无法修复的。

（九）动车组大破条件

符合下列条件之一时：

（1）修理费用超过该型动车组新车现价 50% 的。

（2）下列各项之一必须大修修复时：

主变压器、牵引变流器，转向架。

（十）动车组中破条件

符合下列条件之一时：

（1）修理费用超过该型动车组新车现价 30% 的。

（2）下列各项之一必须大修修复时：

三台牵引电机、轮对、辅助变流器。

（十一）车辆各梁大、中破程度限度按表 5.1、表 5.2 计算

（1）客车、动车：

表 5.1　客车、动车各梁大、中破程度限度计算

梁别	弯曲（上、下、左、右）	破　　损
侧梁	40 mm	裂纹破损达到原断面积 1/2
端梁	30 mm	裂纹破损达到原断面积 1/2
中梁	50 mm	裂纹破损延伸至垂直面（不包括盖板）
枕梁	30 mm	裂纹破损延伸至垂直面（不包括盖板）

（2）货车：

表 5.2　货车各梁大、中破程度限度计算

梁别	弯曲（上、下、左、右）	破　　损
侧梁	110 mm	裂纹破损达到原断面积 1/2
端梁	100 mm	裂纹破损达到原断面积 1/2 或冲击座上部断面全部裂损
中梁	50 mm（下垂为 60 mm）	裂纹破损延伸至垂直面（不包括盖板）
枕梁	50 mm	裂纹破损延伸至垂直面（不包括盖板）

注：1. 客车端梁包括通过台端梁。守车端梁弯曲、破损，以外端梁计算。
　　2. 非贯通式侧梁、端梁，不按侧梁、端梁算。
　　3. 货车端梁在角部向内延伸 200 mm 范围内的破损不按大、中破计算，超过 200 mm 范围时，破损限度合并计算。
　　4. 机械冷藏车（包括机械车、乘务车、冷藏车）、发电车各梁大、中破损程度按客车计算。
　　5. 0.8 m 以下低边车底架以上无论破损程度如何，均按小破计算（火灾或爆炸除外）。
　　6. 货车改造的简易客车破损时按货车办理。
　　7. 淘汰及旧杂型车辆破损程度按降一级计算。
　　8. 计算破损程度时，原有裂纹破损旧痕的尺寸不计算在内。
　　9. 中、侧梁弯曲测量方法，以两个枕梁间平直线的延长线为基准。两轴车应找出原底架的水平线，然后延长测量。端梁弯曲测量方法以两端引出平行线为基准，垂直测量。每根梁如多处弯曲时，按弯曲最大的一处算，上下左右不相加。
　　10. 蒸汽机车煤水车车体破损按罐车办理；内燃、电力机车车体破损按冷藏车办理。

六、事故通报

发生行车事故后，应尽快处理以减少损失并迅速向有关人员或单位发出通报。

1. 事故报告内容

（1）发生事故的时间（月、日、时、分）。

（2）发生事故的地点（线别、站名，或区间、公里、米）。

（3）列车车次、列车种类、机车型号、牵引辆数、列车重量、列车计长、关系人姓名。

（4）事故概况及原因的初步判断。

（5）人员伤亡情况及机车、车辆、线路损坏情况。

（6）双线区间是否影响另一线。

（7）是否需要救护车、救援列车或起重机。

2. 发生事故后的通报

各类事故发生后，应按规定的程序及方法尽快发出通报。

第二节　作业人员安全

在铁路运输生产过程中，确保作业人员的人身安全是日常工作的重要内容之一。因此，除了不断地改善劳动条件和设备条件外，应经常组织作业人员认真的学习、贯彻落实《铁路车站行车作业人身安全标准》，以保证作业人身安全及生产任务的顺利完成。

一、行车作业人身安全通用要求

（1）班前禁止饮酒。班中按规定着装，佩带防护用品。

（2）顺线路行走时，应走两线路中间，并注意邻线的机车、车辆和货物装载状态，严禁在道心、枕木头上行走。不准脚踏钢轨面、道岔连结杆、尖轨等。

（3）横越线路时；应"一站、二看、三通过"，注意左右机车、车辆的动态及脚下有无障碍物。

（4）横越停有机车、车辆的线路时，先确认机车、车辆暂不移动，然后在该机车、车辆较远处通过。

严禁在运行中的机车、车辆前面抢越。

（5）必须横越列车、车列时，应先确认列车、车列暂不移动，然后由通过台或两车车钩上越过，勿碰开钩销，要注意邻线有无机车、车辆运行。严禁钻车。

（6）不准在钢轨上、车底下、枕木头、道心里坐卧或站立。

（7）严禁扒乘运行中的机车、车辆，以车代步。

二、具体作业人身安全要求

1. 接发列车作业人身安全

（1）应熟知站内一切行车设备，并随时注意使用情况，如遇设备发生异状或变化时，应及时通知有关人员并采取安全措施。

（2）接发列车时，必须站在《站细》规定的地点，随时注意邻线机车、车辆动态。

（3）向机车交递凭证时，须面向来车方向，交递后迅速回到安全位置。

2. 调车作业人身安全

（1）必须熟知调车作业区的技术设备和作业方法，以及接近线路的一切建筑物的形态和距离。

（2）上、下车时，必须遵守以下规定：

① 上车时，车速不得超过 15 km/h；下车时，车速不得超过 20 km/h。

② 在站台上、下车时，车速不得超过 10 km/h。

③ 在路肩窄，路基高的线路上和高度超过 1.1 m 的站台上作业时，必须停车上下。

④ 登乘内燃、电力机车作业时，必须在机车停稳时在上下车（设有便于上、下车脚蹬的调车机除外）。

⑤ 上车前应注意脚蹬、车梯、挟手、砂石车的侧板和机车脚踏板的牢固状态。

⑥ 不准迎面上车。

⑦ 不准反面上下车（牵出时最后一辆除外）。

⑧ 上下车时要选好地点，注意地面障碍物。

（3）在车列、车辆走行中禁止下列行为：

① 在车钩上，在平车、砂石车的边端或端板支架上坐立。

② 在棚车顶或装载超出车帮的货物上站立或走行。

③ 手抓篷布或捆绑货物的绳索，脚蹬轴箱或平车鱼腹形侧梁。

④ 在车梯上探身过远，或经站台时站在低于站台的车梯上。

⑤ 在装载易于窜动货物的车辆间或货物空隙间站立或坐卧。

⑥ 骑坐车帮。

⑦ 跨越车辆（使用对口闸除外）。

⑧ 两人站在同一闸台、车梯及机车一侧脚踏板上。

⑨ 进入线路提钩、摘管或调整钩位。

（4）手推调车时，必须在车辆两侧进行，并注意脚下有无障碍物。

（5）在电化区段，接触网未停电、未接地的情况下，禁止到车顶上调车作业。在带电的接触网线路上调车时，禁止登上棚车（在区间和中间站禁止登上敞车）使用手制动机。编组、区段站在接触高度为 6.2 m 及其以上的线路上准许使用敞车手制动机，不能站在高于闸台的车梯或货物上。

（6）去专用线或货物线调车作业，须事先指派专人检查线路有无障碍物、大门开启状态及线路两侧货物堆放情况；事先派人检查有困难时，应在《站细》中规定检查确认办法。

（7）带风作业时，必须执行"一关（关折角塞门）、二摘（摘风管）、三提钩"的作业过程。

（8）摘结风管、调整钩位、处理钩销时，必须等列车、车列停妥，并得到调车长的回示，昼间由调车长防护，夜间必须向调车长显示停车信号。

（9）调整钩位、处理钩销时，不要探身到两钩之间。对平车、砂石车、罐车、客车及特种车辆，应特别注意端板支架、缓冲器、风挡及货物装载状态。

（10）溜放调车作业应站在车梯上，手抓牢车梯，一手提钩。不准用脚提钩或跟车边跑边提钩（驼峰调车作业除外），严禁在车列走行中抢越线路去反面提钩。

（11）使用手制动机时，必须使用安全带，要做到"上车先挂钩""下车先摘钩"。不能使用安全带的车辆，如平车、砂石车、罐车、守车等，作业时必须选好站立地点。

（12）严禁使用折角塞门放风制动。

（13）使用铁鞋制动时，应背向来车方向，严禁徒手使用铁鞋，并注意车辆、货物状况和邻线机车、车辆的动态。严禁带铁鞋叉上车。

（14）单机或牵引运行时，禁止在机车前后端坐卧。

（15）使用折叠式手闸，须在停车时立起闸杆，确认方套落下，月牙板关好，插销插上后，方可使用。

（16）作业中严禁吸烟。

3. 扳道（清扫）作业人身安全

（1）接发列车时，必须站在《站细》规定的地点，并随时注意邻线机车、车辆动态。

（2）在扳道作业时，应遵守扳道作业方法。除因作业必须进入道心外，均应站在安全地点。

（3）清扫道岔前应得到车站值班员或有关人员同意，清扫电气集中道岔或联动道岔，必要时应先将安全木楔置于尖轨与基本轨之间。清扫后及时将清扫工具撤除，并向车站值班员或有关人员报告。

（4）在臂板信号机上更换灯泡、摘挂油灯、调整灯光时，必须使用安全带。

第三节　事故应急处理

一、发生挤道岔的处理

（1）发现道岔故障或被挤坏后，立即做好防护，禁止一切机车车辆通行，及时报告车站值班员（调车区长），通知工务、电务部门进行检查修理。为了不中断行车，由工、电人员将道岔扳向尖轨未挤坏一侧，钉固后方准使用。

（2）发生挤道岔后，如果机车、车辆停留在道岔上并已挤过道岔，不准后退（后退可能造成机车车辆脱轨，使事故扩大），要顺岔子方向缓缓移动，将车列全部拉过道岔。

如必须后退时，将道岔扳向尖轨未挤坏的一侧钉固后方准后退。

复式交分道岔后，因其道岔构造复杂，停在道岔上的机车车辆禁止移动，通知工务、电务部门检查，确定处理方法。

二、发现列车中车辆抱闸的处理

接发车人员发现缓解状态下，运行的列车中有闸瓦抱车轮的摩擦声，轻度冒烟或火花（晚间明显看到）时，多属于车辆抱闸。

某种原因使闸瓦紧贴车轮，但车轮尚未转动，夜间可察觉圆形火花为活抱闸；有时闸瓦抱死车轮，使车轮不能转动，夜间可看到车轮与轨面接触处向后射出较短的平行火花。车辆抱闸容易造成列车运缓、坡停、严重时还可能行起装载危险、易燃货物的车辆发生火灾或爆炸。

发现车辆抱闸的处理方法如下：

（1）司机可采取停车处理；

（2）接发车人员发现时，对通过列车显示停车信号，错过停车时机报告列车调度员，前方站停车处理。

列车在区间或站内停车后，司机会同运转长或车站值班员等查找抱闸车辆时，做一次制动、缓解试验找出报闸车报闸原因与故障处所。当司机做常用制动时，车站值班员等作业人员注意查明报闸车的制动缸，制动基础作用是否正常。当司机做缓解车辆松闸时，注意倾向报闸车三通阀排风口有无排风音响，如果三通阀正常排风而制动缸活塞杆未缩回制动缸体内时，一般情况系制动缸活塞皮腕变质卡塞、缓解弹簧力弱或折损；如果缩回，一般为制动基础装置故障，如制动梁脱、拉杆弯曲、合销子丢失等。

如果故障一时不能排除，可按"关门车"处理，即放副风缸内的风，在车辆松闸的状态下关闭制动支管上的截断塞门，停止该车辆制动作用。如果系制动基础装置故障，除将闸瓦拔离踏面外，要找适当位置捆绑好故障部件，防止部件丢失。

三、列车中车辆燃轴的处理

滑动轴承的车辆，由于轴瓦与轴颈间油膜被破坏或其他原因，造成轴瓦与轴颈直接摩擦而产生高热。一般微热、强热、激热三种状态时，称为热轴车。如果发热程度出现冒浓烟、发火或白合金熔化时，是车辆燃轴的主要象征。列车一般不易发生燃轴。

司机、接发车人员应充分利用弯道等，细心观察列车中有无发热及燃轴车辆。冒烟是燃轴的主要象征，但走行部冒烟不一定是燃轴，要把报闸冒烟与燃轴冒烟区别开来。抱闸车发烟、发火花的位置在车轮周围，为圆形火花、圆形冒烟；而燃轴车冒烟则在轴附近，黑烟为条线形。

发现列车中车辆可能燃轴的处理：

（1）尽量停在车站检查处理。

（2）判定为车辆燃轴时的处理方法：

① 司机发现立即停车。

② 接发车人员发现车辆燃轴时，向列车显示停车信号，或用无线调度电话通知司机尽快停车。未停车时报告列车调度员或前方站停车。

燃轴车停止后的检查处理方法如下：

有列检的车站，通知列检处理：无列检的车站，由车站值班员、机车司机共同检查处理。

区间停车后，按规定做好防护。旅客列车由检车乘务员检查处理，其他列车由司机负责处理。

打开燃轴车箱盖，消灭火种后，注入适当黏度大的润滑油维持到前方站停车处理。严禁浇水及用砂土灭火，防止车辆骤冷裂损。在打开轴箱盖时，闪开身体，防止轴箱内烟火喷出伤人。

四、列车运行中发现装载异状、车门开放、货物坠落的处理

（1）列车运行中发现车门开放、篷布掀起、绳索松开、货物突出或倾斜，在情况不严重，不致碰撞线路、两侧建筑物、不影响双线会车、不至于打伤人员时，可运行至前方站停车处理。

（2）如严重装载的货物窜出、脱落、歪塌、篷布掀开有触及接触网危及行车和人身安全等严重情况时，应采取紧急停车措施，停车后做必要的整理，但电气化区段不停电不得上车整理。整理后根据货物装载情况，限速运行至前方站整理或摘车。坠落的货物如能搬动则随列车装走，或移至不妨碍行车的地点，并尽量派人看守，报告前方站处理。

（3）在双线区间坠落的货物影响临线行车又不能移出线路时，先做好邻线的防护再进行处理。

（4）对装运砂土、碎石、煤、砖等散装货物，在列车运行中发生少量的撒漏或震落，不影响行车及行车人员安全时，不必区间停车，可运行到前方站处理。

五、列车分离的处理

列车分离分为车钩破损（包括车钩缓冲装置破损）分离和车钩自动分离。

发生列车分离后，应立即查明分离原因，如系钩锁销未落实、被人为提开车钩篷布绳索缠绕提开车钩，以及车钩未连挂好等，应重新连挂，确认钩锁销充分落下，钩锁铁的锁座由钩头下部充分露出时，进行简略试风良好后即开车。如系车钩部件损坏，可将机车前钩或守车后钩适宜的零部件与其更换，如钩型不适宜，在站内甩车处理，在区间按分部运行办理。

列车在区间分离后，采取更换车钩部件还是采用分部运行办法，视具体条件而定，但要有强烈的时间观念。

六、列车冒进信号的处理

当方发生列车冒进进站或出站信号机后，列车不得移动位置，查明情况后分不同情况处理：

1. 进站列车

（1）接车进路已准备妥当，以调车方式接入站内。

（2）停车位置影响准备接车进路时，通知司机退出有关道岔，准备好接车进路后，以调车方式接入站内。电气集中设备的车站，退出信号机后，准备好接车进路，开放进站信号机进站。

（3）挂有装载超限货物车辆的列车，接入线满足列车限制条件时，以调车方式接入站内。否则通知司机后退，接入超限列车的固定接车线。

2. 出发列车

（1）通知司机以调车方式退回出站信号机前方，办理闭塞，开放出站信号机发车。

（2）电话闭塞在不影响接发其他列车或调车作业时，列车不必后退，办好闭塞手续，准备好发车进路，发个司机占用区间凭证后发车。

（3）超长列车冒进出站信号后，不影响其他列车到发或调车作业时不得后退。

3. 列车冒进信号挤岔时，按挤岔处理方法处理

4. 列车冒进信号后，及时报告列车调度员以便调整列车运行计划

七、在区间或车站咽喉区车辆脱轨的处理

事故发生后，除立即按规定防护和采取防溜措施外，为缩短中断行车时间，当距救援列车所在站较远时，由事故现场临时调查小组或报请分局事故调查委员会同意后，可采用拉翻法或拉移法。

1. 拉翻法

将堵塞线路的破损机车车辆，利用机车、拖拉机等机械动力或人力拉倒或拉翻，使其离

开正线，迅速恢复行车。

符合下列条件之一时，可采取拉翻法：

（1）破损的机车车辆已达到报废或严重破损时。

（2）破损的机车车辆走行部损坏堵塞线路又无法用复轨器起复时。

（3）破损的机车车辆由于车体与主体架、转向架脱离，歪倒比较严重或离开线路过远，无法采用轨器起复时。

（4）破损机车车辆叠压成堆时。

2. 拉移法

拉移是用人力或拖拉机等利用滑动作用，使车辆移动离开线路，其优点是不扩大车辆和货物损失。

采用拉移法的条件如下：

（1）事故车中装有危险品、爆炸品或现场无法卸车时，拉翻难以保证作业安全；

（2）颠覆或脱轨车辆大部分离开线路，只有部分侵入界线；

（3）由于地形限制，使车辆难以翻滚，而平面移动能够使车辆离开线路；

（4）事故车中装有较贵重的货物或不易损坏的货物，而轨道起重机又不能靠近；

（5）电气化铁路轨道起重机吊复需拆除接触网。

拉翻法和拉移法虽容易扩大车辆和货物损失程度，并为以后的起复工作增加困难，但能迅速开通线路，恢复行车。权衡利弊后，应果断地采取应急措施，以达到快速恢复行车。

八、列车运行中制动梁脱落的处理

制动梁是制动基础装置的主要部分，可能因闸瓦吊折损和闸瓦穿销丢失等致使制动梁或下拉杆脱落。

在列车运行中，司机发现制动梁或下拉杆脱落，应立即采取停车措施。接发车人员如发现运行的车辆制动梁或下拉杆脱落时，应向列车显示停车信号，或用无线列车调度电话通知司机，使列车停车处理。如听到声响怀疑制动梁脱落时，如时机已过，可预报前方站确认处理。

制动梁脱落，可将该车副风缸内的压缩空气排出，在车辆缓解状态下，关闭该车辆的截断塞门，停止该车辆制动机作用并将脱落的制动梁卸下或捆绑好后开车。

九、列车发生火灾的处理

列车发生火灾应立即停车。

1. 停车地点的选择

（1）列车中有冒烟、发火现象的车辆并已接近车站时，在站内灭火较为有利，可运行到站内停车处理。站内应停于靠近水源的线路，严禁停在仓库和临线停留车及重要建筑物的处所。

（2）若火势不大，宜停在区间有水源、易扑火、有村庄的地点。严禁停在桥梁、隧道、长大上坡道及风口地段。

（3）若火势较大，则必须立即停车，防止运行中风力助长火势。

2. 停车后的处理

（1）将着火的车辆与前后车辆拉开一段距离。数个车辆同时着火时，一一拉开距离，以分散火势，便于灭火。

（2）对区间停留的车辆应采取防溜措施（着火车辆应立即拧紧手闸，以免火势增大后无法拧闸），并按规定进行防护。

（3）在电气化铁路区段内，立即报告列车调度员和电务调度员，并提出是否需要停电的请求。

（4）迅速组织人员和器材进行扑救。装载危险货物的车辆着火时，应指派有办理危险货物知识的职工指导抢救及灭火。

（5）旅客列车发生火灾时，首先应疏散旅客。

（6）火势危及临线列车安全时，应使临线列车停车，必要时利用蒸汽机车灭火。

（7）对发生火灾的车辆必须彻底扑灭，然后根据车辆技术状态决定是否可以挂运。

第四节　沈阳铁路局车务系统职工人身死亡案例

沈阳铁路局车务系统职工人身死亡案例未加任何文字修饰，仅将事实经过予以罗列。虽然看起来枯燥，但白纸黑字记录下的却是一个个血淋淋的事实。在这事实后面，有殉难者弥留之际的忏悔，有少妻幼子的呼喊，有白发人哭黑发人的泪水。

血写的事实一桩桩、一件件、一幕幕、撕心裂肺，发人深省。是谁酿成的横祸？是谁造成的罪孽？是谁夺去了这些同志的生命？是违章违纪。

违章违纪的背后就是杀人，《案例》中记载着有的同志正在正常作业，突如其来被违章违纪这个魔爪抓去了生命。

违章违纪的背后就是自杀，《案例》中大部分记载的是因自己违章违纪将生命画上了句号。

愚者以流血换取教训，智者以教训制止流血，逝去的人不能复生，他们用生命为我们换来了血的教训，我们要用这血的教训制止违章、制止流血，也算作对逝者在天之灵的一种告慰吧。

一、横越线路未执行"一站、二看、三通过"

1. 长春列车段运转车长马××，1981 年 10 月 19 日 18 时 40 分，乘务 2243 次在金沟子站停车待避 193 次，到运转室联系工作返回横越上行线时，被 3164 次通过列车撞倒，当即死亡。

2. 通辽分局八道壕站扳道员聂××，1984 年 3 月 2 日 14 时 14 分，3173 次作业完了后回运转室横越线路时，被通过的 4166 次单机撞倒，当即死亡。

3. 本溪列车段运转车长王××，1985 年 7 月 30 日 20 时 58 分，在陈相屯站便乘 474 次去苏家屯，由待乘室出来横越线路时，被通过的 2154 次列车撞倒，当即死亡。

4. 通辽列车段运转车长黄××，1986 年 5 月 14 日 20 时 26 分，在通辽站检查 1752 次列车，发现机次 16 位破封，去车站商检室取普通记录回来，经上行场 1 道时，被 4083 次单机撞在头部，当即死亡。

5. 吉林分局口前站连结员孙××，1985 年 7 月 28 日 12 时 31 分，3305 次进 3 道后调车作业，出务作业横越 1 道时，被进站的 302 次旅客列车撞倒，当即死亡。

6. 通辽分局四合永站连结员白××，1987 年 11 月 15 日 16 时 39 分，横越 2 道线路时，被 1354 次列车撞倒，抢救无效死亡。

7. 长春分局七家子站车站值班员徐××，1988 年 2 月 19 日 18 时 07 分，540 次临时变更进 2 道（图定 3 道），接车横越 2 道时，被 540 次列车撞倒，抢救无效死亡。

8. 大连分局芦家屯站调车长郑××，1990 年 1 月 9 日 10 时 50 分，去给调车司机送调车作业计划回来时，被下行线 1 道通过的 1707 次列车撞倒，当即死亡。

9. 通辽列车段运转车长魏××，1990 年 4 月 13 日 9 时 15 分，由车号员室出来去下行编发场 8 道检查 2113 次列车，横越 14 到线路时，被三调溜放的 1 辆空平车撞倒，抢救无效死亡。

10. 大成站制动员雷××，1991 年 10 月 26 日 13 时 35 分，二调解体 3709 次在 18 道铁鞋制动后，横越 17 道线路时，被溜放的最后一钩 1 辆车撞倒，当即死亡。

11. 大连列车段运转车长段××，1994 年 2 月 17 日 19 时 52 分，乘务 43601 次单机到达夏家河站 1 道停会 3188 次，由机车三下来准备去大便，在横越 2 道线路时，被通过的 3188 次列车撞倒，当即死亡。

二、作业中身体侵入邻线、走枕木头或在线路中心显示信号

12. 龙潭山站连结员姜××，1984 年 1 月 19 日 13 时 35 分，3186 次进 6 道甩 7 辆车，姜提开车钩后，站在 7 道枕木头看车数是否正确时，被进入 7 道的 3934 次列车撞倒，当即死亡。

13. 丹东站扳道员吴××，1984 年 5 月 13 日 12 时 45 分，在线路中心站立，被二调牵出调机车撞倒，送医院中途死亡。

14. 山海关站调车长刘××，1984 年 6 月 4 日 1 时 15 分，指挥八调在上行场 9 道连挂车辆时，站在 10 道线路中心显示信号，被二调解体溜放的两辆车撞倒，送医院后抢救无效死亡。

15. 吉林列车段运转车长程××，1984 年 9 月 26 日 2 时 55 分，在吉林站 9 道验收列车，顺 7、8 道两线行走时，为躲 8 道开的 3384 次列车身体侵入 7 道，被调车司机向 7 道推送的 27 辆车撞倒，左腿、左臂轧断，送医院抢救无效死亡。

16. 沈阳分局唐山站助理值班员车××，1994 年 9 月 30 日 17 时 59 分，组织旅客乘降时，被邻线 1905 次撞倒，当即死亡。

17. 白城分局太阳升站车号员代××，1985 年 7 月 24 日 21 时 10 分，出务接进 4 道的 3405 次，身体侵入邻线 3 道，被 3 道调车机车撞倒，左脚轧断，内脏出血，送医院抢救无效死亡。

18. 锦西站调车长申××，1986 年 2 月 27 日 11 时 18 分，解体 2043 次，显示信号时身体侵入邻线，被进站的 5816 次列车撞倒，送医院抢救无效死亡。

19. 长春分局范家屯站扳道员姜××，1987 年 7 月 23 日 18 时 28 分，去南头接班为躲小拖拉机走 2 道枕木头，被 2 道通过的 194 次列车撞倒，当即死亡。

20. 敦化站调车长张××，1992 年 10 月 14 日 6 时 27 分，1 调四道挂 14 辆车牵出，该人在 16 号道岔前下车时，被 2 道开出的 4079 次单机将双腿轧断，抢救无效死亡。

21. 沈阳列车段运转车长王××，1980 年 11 月 14 日 17 时 40 分，检查 2151 次列车时，因钻 1621 次列车，1621 次启动发车，被轧断双腿，送医院抢救无效死亡。

22. 太平川站学习制动员王××，1985 年 8 月 5 日 8 时 55 分，在 14 道原停留 12 辆车组中练摘、接风管，被溜入该线的车辆撞倒，腰部轧断，当即死亡。

23. 辽源站制动员董××，1991 年 11 月 22 日 1 时 40 分，一调由 4 道牵出 16 辆至牵出停车线，因第 9 位车辆风未放干净，进入车组间用嘴吹软管，由于司机未看调车挥人防护信号，盲目推进 6 米，将双腿轧断，抢救无效死亡。

三、进入走行车组中提钩

24. 营口站代务连结员张××，1984 年 1 月 31 日 2 时 33 分，调车机由 3 道牵出 8 辆，向 5 道溜放的 1 辆无钩连，进入行车组中提钩销被绊倒，当即被轧死亡。

25. 开原站调车长周××，1985 年 9 月 16 日 20 时 25 分，一调向 11 道溜放 2 辆无钩连，违章进入走行车组中边显示信号边提钩销被绊倒，当即被轧死亡。

26. 四平站连结员尹××，1985 年 11 月 25 日 20 时 58 分，在溜放解体作业时，进入走行车组中提钩销被绊倒，当即被轧死亡。

四、出务晚超速上车

27. 干井子站制动长宋××，1982 年 6 月 24 日 5 时 45 分，二调溜放作业，2 道溜放最后一钩守车时，超速抓车抢上时掉下，当即被轧死亡。

28. 辽阳站制动员李××，1984 年 5 月 13 日 12 时 45 分，二调货物线挂车牵出时，在货物站台上超速抓车，掉在站台与车辆间，被挤死亡。

29. 吉林分局双河镇站连结员姜××，1986 年 7 月 20 日 21 时 50 分，3302 次调车作业，在 4 道超速抓车抢上时掉下，将左腿轧断，抢救无效死亡。

30. 新寒岭站助理值班员陆××，1987 年 6 月 11 日 12 时 48 分，3410 次调车作业牵出时，由于出务晚超速抓车抢上，被第二站台刮挤掉下，当即被轧死亡。

31. 吉林分局磐石站连结员苏××，1989 年 1 月 24 日 23 时 20 分 3301 次 3 道挂 27 辆，4 道给 3 辆后，向 3 道推进给 24 辆时，该人准备去 3 道显示信号，抓车抢上掉下，当即被轧死亡。

五、站在机车脚踏板上双手松开

32. 长春分局十家堡站助理值班员董××，1984 年 6 月 2 日 11 时 51 分，担当 3127 次调车作业时，站在机车脚踏板上双手不扶掉下，被车辆轧伤，送医院抢救无效死亡。

33. 通化分局草市站连结员韩××，1986 年 3 月 1 日 14 时 40 分，3194 次到达 3 道，单机去 2 道挂 1 辆车时，站在机车脚踏板上双手不扶掉下，当即被轧死亡。

34. 大安北站代值班主任常××，1986 年 10 月 29 日 5 时 20 分，溜放作业后以车代步准备去运转室，从机车上掉下，头部撞伤，抢救无效死亡。

35. 长春站调车长王××，1981 年 5 月 13 日 6 时 15 分，三调去专线取 3 辆车回来途中，站在机车脚踏板上，双手松开准备抽烟时从车上掉下，当场被轧死亡。

36. 四平站制动员黄××，1981 年 12 月 9 日 10 时 10 分，一调 6 道挂 17 辆牵出时，站在机车脚踏板上双手不扶从车上掉下，被轧断右腿和右手，抢救无效死亡。

六、在走行车组前部抢越

37. 沈阳分局虎石台站制动员吴××，1986 年 6 月 18 日 22 时 30 分，调机车 2 道给 4 辆时在走行车组前部抢过，被车钩挤伤，送医院抢救无效死亡。

38. 赤峰站连结员冯××，1986 年 7 月 21 日 23 时 50 分，调机车去木材专用线取 2 辆车（分 2 组停留），连挂时在两车间抢过，被车辆撞在头部，当即死亡。

39. 梅河口站制动长王××，1986 年 10 月 28 日 0 时 20 分，解体 3344 次作业完成之后，整理 13 道线路时，在两车组间 70 cm 天窗抢过，被连车辆挤压死亡。

七、清扫道岔无人防护

40. 苏家屯站扳道员股××，1980 年 1 月 4 日 10 时 40 分，清扫 50 号道岔时，被 452 次列车撞在头部，送医院抢救无效死亡。

41. 苏家家屯站扳道员阎××，1980 年 3 月 13 日 10 时 15 分，清扫 409、411 号道岔时，被 42624 次出库单机撞倒，当即死亡。

42. 沈阳分局浑河站扳道员魏××，1981 年 2 月 18 日 4 时 46 分，在清扫 2 号道岔时，被通过的 404 次列车撞倒，当即死亡。

43. 瓦房店站道岔清扫员宫××，1981 年 2 月 25 日 9 时 55 分，清扫 8 号道岔时，被 1 道发出的 4305 次单机撞倒，经抢救无效死亡。

44. 沈阳站到岔清扫员裴××，1983 年 11 月 26 日 9 时 15 分，在南信号清扫 19 号道岔时，被 42307 次单机撞倒在转辙机上，当即死亡。

45. 通辽站到岔清扫员刘××，1983 年 12 月 19 日 9 时，在下行场 204、206 号道岔处被 442 次列车撞在头部，当即死亡。

46. 长春分局米沙子站扳道员王××，1987 年 11 月 9 日 13 时 58 分，清扫 8 号道岔时，被 3192 次列车撞倒，当即死亡。

八、车辆行走中被建筑物和其他设备刮掉

47. 沈阳分局旧堡站连接员金××，1987 年 6 月 25 日 21 时 50 分，调车机 3 道给 16 辆时，站在车梯子上探身过远，被线间回话柱刮掉，当即被轧死亡。

九、人力制动机制动未挂安全带

48. 丹东站制动员万××，1980 年 3 月 2 日 2 时 55 分，二调 3 道挂 11 辆溜放作业，试闸时未挂上安全带不慎掉下车，当场被轧死亡。

十、抓篷布绳上车

49. 通化分局湾沟站连结员刘××，1989 年 8 月 1 日 7 时，由煤矿专用线取车途中，站在机车脚踏板抓次位篷布绳往敞车上爬，掉在车下被轧死亡。

50. 通化分局浑江西站制动员桂××，1989 年 10 月 15 日 20 时 40 分，在货线 2 道挂 3 辆车牵出时上车偷梨，没抓住篷布掉下，被轧死亡。

十一、进入走行车组前排风或进入走行车组中调整钩位

51. 沈阳站连结员关××，1983 年 10 月 27 日 18 时 47 分，一调往库 14 道推 12 辆客车体，接近车档时未停车，进入前部车辆去排主风管时，头部被挤在土挡上，当即死亡。

52. 大官屯站制动员崔××，1984 年 11 月 30 日 18 时 15 分，调车机在 19 道连挂车辆时，该人进入走行车组中调整钩位，被车钩挤压死亡。

53. 苏家屯站制动员杨××，1986 年 1 月 14 日 12 时 40 分，在连挂车辆时进入走行车组中调整钩位，被车钩挤压死亡。

第五节　行车事故案例分析与预防

一、新中国成立以来最大的旅客列车事故——荣家湾"4·29"事故

离湖南岳阳市不远的荣家湾，因 1997 年 4 月 29 日上午 10 时 47 分的悲惨一刻而让世人永远地记住了这个地方。

当时，由昆明开往郑州的 324 次特快列车在这里追尾撞上了停在 4 道的由长沙开往临湘市茶岭的 818 次列车。撞车使得两列火车上乘客与乘务员死亡 126 人，重伤 45 人，轻伤 185 人，直接经济损失 415 万元……这是自 1978 年郑州局杨庄事故以来最严重的铁路恶性事故。

（一）事故经过

1. 撞车原因

1997 年 4 月 29 日上午 8:00，被告人吴荣忠（男，27 岁，即原长沙电务段荣家湾信号工区工长）布置被告人郝任重（男，33 岁，工区信号工）到荣家湾车站南头 12 号和 14 号道岔

对电缆盒进行配线整理、挂编号牌和内部清扫的作业，吴自己留在运转室担任联络员工作。8：30许，郝到12号道岔处，把电务专用电话机的电线夹在道岔变压器箱（简称XB箱）外的电话端子上，将HZ-24电缆盒打开，待一趟上行列车通过后，郝与吴联系"要跑表示"，吴同意后，郝即将XB箱打开，按吴平时带会的方法：把1号端子上控制道岔由反位向定位的操纵启动线甩开（此时12号道岔处于定位），在1号和3号端子上夹了一个由吴改制的二极管连接装置，问吴："12号表示好不？"（即运转室控制台上12号道岔定位表示灯亮不亮），吴回答："没有表示。"郝立即把二极管连接装置掉个头重新夹在1、3号端子上，又问吴："表示好了没有？"吴回答："有表示了"，郝对吴说："我现在开始搞，4道有车你就告诉我。"尔后，被告人郝任重在已知运转室控制台上12号道岔定位是假表示的情况下，开始对电缆盒作业。10：22，由长沙开往茶岭的818次客车要牌进4道待避，车站办理后，郝见12号道岔突然启动，由定位开通二道移向反位开通4道，即用电话问吴是什么车，吴才知道是818次，并要郝找谢顶替联络员工作，说自己要去接818次。郝回答喊不到谢，并说自己在12号道岔的工作做完了，要求做试验。吴说有时间再试验。随后，吴离开运转室去接10：35停在一站台4道的818次客车。

　　不久，荣家湾运转室接邻站通知并同意接由昆明开往郑州的324次客车，并办理了由2道通过，进、出站信号机均显示开放，由于吴没有"要点"与郝进行试验，郝也没有取下12号道岔XB箱内的二极管连接装置，已造成道岔、进路和信号三者之间的联锁功能被破坏。324次机车在快进荣家湾站预告信号机时，与荣家湾站进行了车机联控，机车移频信号也显示进站信号机为绿灯。当吴荣忠接完818次后返回运转室，看见控制台上2道进站和出站是白光带，知道即将有车通过。这时，他不仅没有立即向值班人员提示，相反却离开了运转室。郝在12号道岔处听见了上行列车鸣笛开过来时，为躲避列车上丢东西下来，则退避到清扫房的墙北角处。324次客车以通过速度开过来，司机发现道岔位置与信号不符时，立即紧急制动，但列车仍以巨大的惯性冲入4道，于10：48与待避的818次列车发生了追尾猛烈冲突。事发后，吴回运转室内见控制台上12号道岔无表示，即用车站的闭塞电话通知郝赶快"把表示送回来"。待郝回来后，吴问郝把二极管放在何处，郝回答在工具箱内，吴要郝不要讲二极管的事。尔后，吴约肖庆从郝的工具箱内取出二极管，并要肖把该二极管弃匿。

　　被告人高小春（男，47岁，高中文化）、邹兆洵（男，51岁，中专文化）在分别担任长沙电务段汨罗电务车间指导员兼主任、副主任期间，疏于管理，两人从未在任何场合、对任何职工提出禁止使用二极管封连电气接点。邹兆洵还多次向职工传授和在作业中使用这种方法，并就此专门写过欲参评定中级技术职称的论文（电务段未同意以该文申报职称），并没有对此违章行为做出有效制止和严肃处理。高小春对辖区内近几年多次使用二极管连线违章作业的情况完全失察。4月28日，长沙电务段段长已明确提出在4月29、30日，各工区不要开工长会等各种会议，以集中力量搞好各维修作业迎接"五一"。高小春知有此要求，仍于4月29日在荣家湾站召开工长会议，迫使吴荣忠在当天作业中，既要担任安全联络员，又要接待和参加会议，分散了精力，这也是酿成事故的因素之一。由于他们工作严重不负责任，致使违禁用二极管违章作业行为在管内部分工区长期存在，最终酿成大的行车事故。

2. 撞车瞬间

幸存者安徽阜南人邵付英回忆：撞车时车厢内就像刮过了一阵大风，什么都像纸糊的，抓不住。椅子、桌子、铁把手、货架、人、提包全飞了。当时她们都坐在十二号车厢，324次列车向北行驶，机车挂的是十四号车厢这头，所以撞车时十四、十三、十二这几节车厢死亡人数最多。

年仅 20 岁的马丽回忆她在十二号车厢的情景，只记得车进荣家湾时车速很快，（当时列车时速达 117 km），火车相撞前猛然抖动了一下，车厢左右发飘，人都站不稳，她估计是火车司机(已全部遇难)肉眼望见了行驶道上停着车,采用了紧急制动,但火车还是以约 110 km/h 的速度撞了上去。

幸存者邵富意说车厢内人太多，连过道都挤满了人，所以一撞车死人才会那么多，此次撞车他损失了一万多元，打工一年的钱放在包里，包现在还没找到，带的一台 21 英寸金星彩电也完了，万幸的是自己 6 岁的孩子还活着。

在幸存者眼里，撞车一刻前后是那么恍惚、可怕。23 岁的洪湖人兰春群从昆明搭乘 324次到岳阳，眼看还有十几分钟就到了，不想在荣家湾撞了车，他只能简单地描述：我自己爬起来，人都吓傻了，当时在我左右的人都已经不能动了。

（二）事故损失

"4·29"客车重大事故造成了极大的社会危害，伤亡惨重，损失巨大，性质恶劣，影响极坏，在我国铁路史上是空前的，也是震惊世界的。

从伤亡的情况看，两列车的旅客和铁路工作人员遭受了肉体和精神上的极其惨重的摧残，有的死于非命，有的终身残废，有的家庭从此破碎。在遇难者中，男性 94 人，女性 32人；从民族上分，有汉族、回族、维吾尔族等；从职业上看，有工人、农民、学生、教师、工程技术人员，还有正在值乘的铁路职工；从年龄上看，有白发苍苍准备安享晚年的老人，也有来到人间仅 7 个月的婴儿，更多的是 30 岁左右的妻子失去了丈夫，有的是小孩失去了父母，有的是老人失去了儿女，有的是夫妻、父母同行，有的是一家三口同遭灭顶之灾。事故现场的悲痛场面使每一个目击者触目惊心，惨不忍睹，终生难忘。这一由铁路员工犯罪行为而造成的惨重事故，不仅给众多死难者的家庭带来了巨大的精神打击和无限悲哀，而且给众多的伤残者带来了终身痛苦。

从经济损失的情况看，除造成机车、车辆、线路直接经济损失达 415 万元外，加上事故伤亡的赔偿、医疗费和事故造成行车中断、打乱运输秩序，以及事故善后处理带来的人、物、财力的消耗等，其损失难以估量。这对于广铁集团尤其是原长沙总公司当年收支缺口相当大、财政上已十分艰难的情况来说，无疑是雪上加霜，必将在经济上造成较长时间、较大的阵痛。

从社会影响来看，事故发生在香港回归前夕，不仅给迎接香港回归的喜庆氛围蒙上了阴影，在国内外造成了不良的政治影响，而且事故引起了党中央、国务院、原铁道部和地方各级政府的高度重视，严重干扰了各级领导的正常工作；事故发生在全路刚刚实施新图和提速之后，引起了社会对实施新图的许多消极议论和误解。同时，事故使旅客对铁路运输的安全生产产生了怀疑。可以说，事故严重地损害了铁路的形象，损害了广铁集团的形象。

（三）事故处理

1997 年 8 月 22 日，广州铁路运输中级法院和长沙铁路运输法院在长沙铁路文化宫和长铁运输法院法庭，分别对"4·29"破坏交通设施案和有关人员玩忽职守案依法进行了公开审判。按照我国《刑法》第 110 条第一款的有关规定，以"破坏铁路交通设施罪"判处郝任重无期徒刑、剥夺政治权利终身；判处吴荣忠有期徒刑 15 年，剥夺政治权利 5 年。依照《刑法》第 187 条的有关规定，以"玩忽职守罪"判处高小春有期徒刑 2 年、缓期 3 年；判处邹兆洵有期徒刑 3 年、缓期 4 年；同时，铁道部党组和集团公司党委、集团公司于 8 月 23 日宣布了分别对有关责任者给予政纪处分的决定。

（四）事故教训

"4·29"事故的发生绝不是偶然的，它暴露了我们在安全管理、干部作风、现场控制、法制教育等多方面的深层次的问题和薄弱环节。在沉痛的反思中，最要引起我们重视并引以为戒的是：违章就容易导致违法，违章肇事就是犯罪；运输生产过程中大量的违章行为，随时可能发生质变上升为破坏性行为；不负责任、玩忽职守，随时可能升级为渎职犯罪。特别是在技术密集型部门和单位，违章行为具有隐蔽性、欺骗性，这种表面上的违章、失职，实质上的违法犯罪行为，具有更大的社会危害性。长期以来，相当部分的干部，包括部分单位的领导对此重视不够、教育不利、惩治不严，许多职工对危及行车安全的违章违纪的社会危害性认识不足，掉以轻心，习以为常，甚至屡禁不止，屡教不改，我行我素，胆大妄为。一些单位和部门对那些已经演变为违法犯罪的严重违章问题，避重就轻，姑息迁就，没有运用法律的手段及时处理。因此，干部职工的安全法制观念淡薄、对本属正常的安全法制管理感到陌生，难以理解。如果我们不能运用法制手段制止违章违法犯罪，铁路安全就始终没有保障。因此，各单位各部门在今后的运输生产工作中要做到以下几点：

第一，必须始终坚持"安全第一"的思想不动摇。"4·29"事故使我们痛心地感到：安全事关国家和社会的稳定，事关国家和人民生命财产安全，事关铁路的公众形象。作为每一个铁路职工，尤其是各级领导，任何时候做任何工作都必须始终把安全摆在首要的位置，尤其要把确保旅客列车绝对安全放在重于一切、高于一切的头等位置。思想上绝对松懈不得，工作上绝对马虎不得，正确处理安全与效益、安全与效率、安全与其他工作的关系。各级领导要居安思危、防微杜渐，牢固树立确保安全从现在做起，从每个岗位、每项作业、每个过程做起的思想，锲而不舍，持之以恒，真抓实干。

第二，必须下大工夫抓好班组管理和基础管理。"4·29"事故暴露了我们一些班组管理松弛、基础薄弱的状况。各单位、各部门要全面加强安全基础建设，尤其是班组建设，把提高职工队伍素质、强化班组管理、提高设备质量、作为基础工作的重要环节抓住不放，一抓到底。切实抓出实效。当前，要以落实干部包保措施来推进班组建设与班组管理，加强现场安全控制，强化管理制度的落实，切实提高班组控制能力。

第三，每一个干部都必须尽职尽责，切实转变工作作风。高小春、邹兆洵以玩忽职守罪被司法机关追究刑事责任，使我们清醒地认识到：官僚主义、形式主义、好人主义最终都将酿成祸害，既害国家，又害人民，既害职工，又害自己。干部作风不实，管理不严，对工作和事业不负责任，对党和人民不负责任，导致事故发生，给国家和人民生命财产造成重大损失，就是失职，就是渎职，就是犯罪，就必须依法追究。我们必须清醒地认识自己肩负的责任，自觉地转变作风，以如临深渊、如履薄冰的忧患意识和紧迫感抓安全，尽心尽力，始终如一。

第四，必须加强安全生产法制宣传教育。要广泛深入开展安全生产方面的法制教育，尤其是要认真学习新的《刑法》和《铁路法》，要以"4·29"事故有关责任人处分和处理为契机，进一步强化干部职工尤其是行车一线职工的安全生产法制观念，使每一个干部职工都真正明确：对"4·29"事故责任者的处理是客观公正的；对4名事故责任者的刑事处罚不能减轻有关领导和管理部门应负的责任；安全生产的规章制度是具有法制约束力的，决不同于一般性的工作要求，是必须强制执行的行政法规。违章与违法紧密相连，违章就易导致违法，就易诱发破坏交通设施、破坏运输安全的情况，造成了严重后果就是犯罪。

第五，进一步强化全员的岗位责任意识。首先，要尽政治责任。铁路安全不仅关系到铁路职工自己的生命，更关系到人民群众生命财产的安危，关系到铁路形象，关系到国家的声誉，关系到社会的稳定。我们一定要从讲政治、讲大局的角度来认识自己的工作与责任，以高度的责任感对待每一项工作、每一个环节、每一个作业动作。其次，要负职业责任。保证安全是铁路职工的天职，是我们最基本的职业责任。铁路安全规章是用鲜血总结出来的，是铁路运输客观规律的反映。遵章守纪，确保安全，这是铁路职工最重要的职业要求，也是对国家和人民负责的具体表现。最后，要负法律责任。要通过各种事故案例的宣传教育，让每一位干部职工都深刻地认识到不负责任和违章肇事都是要受到法律惩处的，法律是无情的。

第六，必须建立和落实科学的安全管理责任制。各单位、各部门要通过"4·29"事故教训的总结反思，全面落实逐级负责制、岗位责任制，做到一级抓一级、一级对一级负责，并充分体现与分配挂钩、与任职责任挂钩，与法律手段挂钩的原则。各级职能部门要充分发挥指导和管理作用，强化系统负责制，按照业务分工高度负责的抓好本系统的安全工作。铁路是个大联动机，各单位、各部门、各工种间要密切配合，互相协调，提高工作效率，确保安全生产。党群部门工作要突出为安全生产服务的主题，增强工作的针对性、时效性和有效性，切实把思想政治工作做到现场，加强在一线。

二、震惊中外的杨庄事故

（一）事故经过

1978 年 12 月 16 日 3 时 12 分，郑州铁路局郑州机务段司机马相臣、副司机阎景发驾驶东风 3 型 0194 号内燃机车，牵引由西安到徐州的 368 次旅客列车，按列车运行图规定，应在陇海东线杨庄车站停车 6 min，等会由南京开往西宁的 87 次旅客列车。由于司机、副司机在行车中打盹睡觉，运转车长王西安擅自离岗与别人聊天，当列车进入杨庄车站后，没有停车，继续以 40 km/h 的速度前进，以致越出出站信号机 43 m，在 1 号道岔处与正在以 65 km/h 速度进站通过的 87 次旅客快车第六位车厢侧面相撞，造成重大旅客伤亡事故。几个主要责任人均被判了刑。

（二）事故损失

旅客伤亡惨重，死亡 106 人，重伤 47 人，其中有工人、农民、解放军指战员、知识分子、国家干部，还有年逾花甲的老人、年富力强的青壮年，天真烂漫的儿童和未满周岁的婴儿；著名的五笔字型发明人王永民也是此次事故的受害人，但幸免于难，不然，汉字进入电脑将推迟若干年，这个损失难于估算。该事故重伤 47 人，有的终身残废，有的连续昏迷一年多时间，有的甚至成了不省人事的植物人，还有一些不同程度地丧失了劳动和生活能力；轻伤 171 人。

经济损失重大，被侧面冲突的 87 次客车的第六、七、八、九位四轴车厢颠覆，第十位车厢脱轨，其中八、九、位车厢被撞碎，368 次机车脱轨。中断行车 9 h 3 min，影响客车 36 列，货车 34 列。机车中破 1 台，客车报废 3 辆，大破 2 辆，损坏钢轨 14 根、枕木 308 根、电动道岔 1 组，直接经济损失 55.4 万多元。处理杨庄事故善后事宜的办事机构直到 1985 年 8 月 28 日才停止工作，据不完全统计，几年中仅郑州分局用于治疗、埋葬、接待伤亡旅客亲属和各种赔偿的费用就达 50.79 万多元。

政治影响恶劣。杨庄事故发生在粉碎"四人帮"之后，全面建设社会主义现代化的新时期开始之时，事故发生后，美联社、法新社等一批西方国家的新闻媒体，通过多种形式了解事故状况，并迅速向全球作了详细报道，造成了极坏的政治影响。在国内，社会各界纷纷批评说："火车好坐，郑州难过"、"路过郑州局、不敢松口气"。由此可见，杨庄事故的发生使郑州局的声誉遭到了何等严重的损害。

（三）事故性质及处理

造成杨庄事故中两列旅客列车高速相撞的根本原因，完全是由于担任乘务工作的正、副司机和运转车长严重违反劳动纪律。这表明当时劳动纪律的涣散程度已经到了不可容忍的地步。1979 年 1 月 26 日，国务院专门发出了题为《关于陇海线杨庄车站发生旅客列车相撞重大事故的通报》（以下简称《通报》）的 23 号文件，沉痛哀悼殉难旅客，向所有殉难者家属和受伤者表示亲切慰问，并指示全国各有关单位做好事故的善后处理工作。国务院的《通报》严肃指出："这起事故人员死伤之多，财产损失之大，是建国以来最严重的。"

在此之前，铁道部党组于 1978 年 12 月 18 日，以 71 号文件的形式，向党中央、国务院写出了《关于杨庄车站发生旅客列车侧面相撞重大伤亡事故的报告》，"深感内疚，深感有负于党、有负于人民"，并决定今后每年的 12 月 16 日为全国的安全教育日。1980 年的 1 月 1日，郑州铁路局和中共郑州铁路局政治部联合做出决定，把杨庄事故作为全局的"局耻"、号召全局职工和家属振奋精神，誓雪"局耻"，不消灭事故誓不罢休。

处分：1979 年 10 月 19 日，郑州市中级人民法院在郑州局召开杨庄事故案审判大会，根据我国有关法律规定，对重大事故直接责任人司机马相臣判处有期徒刑十年；判处事故直接责任人副司机阎景发有期徒刑五年；判处事故直接责任人运转车长王西安有期徒刑三年，缓刑三年。同时国务院和铁道部分别对有关部局、分局、站段的领导给予严肃的行政处分。

（四）事故教训

从当时全局的情况来说，事故教训主要有三个方面

（1）领导作风不扎实、不深入，对安全工作抓得不严、不细。特别是对运输生产关键工种和要害部门抓得不狠，要求不严。往往是上层活动多，深入基层少；布置工作多，检查落实少：一般号召多，狠抓典型少。缺乏一抓到底，不见成效不撒手的狠劲，缺乏抓一件落实一件的求实精神。对所发生的事故，没有下大功夫去认真分析，找出事故的规律性，采取有力措施进行杜绝，有的领导干部思想僵化，辩证法甚少，稍有成绩就骄傲自满、夜郎自大，出了问题也不敢大胆揭露矛盾。也有的干部图安逸、怕艰苦，不愿意到矛盾多、困难大的地方去调查研究，解决问题，不肯下功夫抓各项工作的落实。例如，有个机务段的八名主要领导，在杨庄事故的当年，没有一人完成添乘数；在杨庄事故的第二年，仅有抓运转的一名副段长添乘数达到上级要求。就在杨庄事故发生前不久，郑州机务南段的 0192号机车牵引 54 次旅客列车，应在杨楼车站停车等会 103 次旅客列车。由于司机违章作业，该停车不停车，致使列车闯出信号机冲入正线，幸被养路工防止，险些与迎面开来的 103次旅客列车正面相撞。两车停车后仅距离 400 m。对于这件性质极为严重的事故，有关部门没有按照"三不放过"的原则进行严肃处理，有关领导的态度异常软弱，仅以免去责任者职务了事。广大群众批评说："如果严肃认真及时地处理了杨楼事故，就很有可能避免杨庄事故的发生。"事实证明，各级领导如果不能坚决贯彻从严治路的方针，安全生产就无法得到保证，这是多么深刻的教训。

（2）劳动纪律松弛。特别是夜班睡觉现象很普遍、很严重。少数干部对违反劳动纪律的现象不敢说，不敢管，他们怕丢官、丢"选票"，所以"睁一只眼、闭只眼，看见只当没看见"，致使许多问题得不到解决。例如，有个机务段在发生杨庄事故的同一年里，从元旦这一天开始，全段连续发生了七件性质严重情节恶劣的违章乱纪事件，每件都直接危及旅客列车的安

全。杨庄事故主要责任者马相臣，曾因违章作业被撤职，复职后旧习不改，经常在夜间值乘时打盹睡觉。尤其在发生事故前的一段时间里，趟趟都要与副司机轮换睡觉。如此涣散的劳动纪律，怎么能够保证安全生产生产呢？正如一位领导同志所批评的那样：在杨庄事故发生前，三个责任者中只要有一人遵守劳动纪律，就可以避免事故的发生。令人痛心的是，用无数献血换来的劳动纪律，被这些违章者集体践踏了，终于酿成了一起人为的灾难。事故责任者也由此成为监狱中的囚犯，遇难者与犯罪者的家属也都因此失去了欢乐。违章就是杀人！违章就是自杀！这个沉痛的教训，我们永远不能忘记。

（3）基础工作十分薄弱。在安全生产工作中，党支部的战斗堡垒作用发挥得不好，没有很好地发挥广大团员在安全生产方面的模范带头作用，没有把工作重点放在班组，特别是运输部门的关键班组、关键岗位没抓好。以岗位责任制为中心的各项规章制度很不落实，技术业务学习和基本功训练工作也很差，对业务不懂、不会的现象比较普遍。例如，有的单位全年发生了11件五类事故，而党团员竟占了6件。有的机班竟没有一个人能够熟练掌握机车乘务员的应知应会内容，结果三人经常集体违规，直到发生了事故，方才知道"干机车乘务员不容易，需要懂得一些条条"。其次是奖惩不严明，有的机班防止了旅客列车相撞事故，拖到两个月后才不声不响地发给每人十元奖金，根本起不到表彰激励的作用。相反，有个副司机在开车前执意去买鱼，造成漏乘，由司机一人单独开车六小时，对于这样大的事故危机，竟然没有引起段领导的注意，直到路局追查时才进行处理。宝丰机务段的十几台储备机车，台台锈蚀严重，几乎成为一堆废铁。如此薄弱的基础工作，怎么能够保证生产安全呢？党中央的一位领导同志严肃指出：杨庄事故暴露了基础工作差，规章制度、纪律废弛。这个批评切中要害，是对全局广大干部、职工和家属的亲切关怀。如不加强基础工作，安全工作就如同无源之水、无本之木。同志，让我们世世代代记住这个刻骨铭心的教训吧！

三、外籍旅客殉难受伤最多的上海"3·24"事故

（一）事故概况

1988年3月24日下午，从南京开往杭州的311次列车上的第一、二、三节软座车厢里，乘坐着193名日本中学生，他们为纪念日本高知市修学庆30周年到中国旅游。刚刚在苏州游览了一天半的师生们兴致极高，在车厢虽说笑嬉闹，打扑克，搓麻将……当列车行至上海市嘉定县境内匡巷站附近，"轰"的一声巨响，车厢内剧烈震动，行李纷纷跌落——列车冲出本应停车让行的信号机外，和迎面驶来的208次列车当头相撞。顷刻间，一场惨剧发生在人们面前！

208次列车和311次列车的两个机车紧紧撞在一起。208次列车第一节行李车已"飞"上前面的机车，311次列车第二节软座车厢里的3/4钻入前面一节车厢的轮底。

（二）事故原因

3 月 24 日下午 1 时 51 分，47 岁的周小牛和 34 岁的刘国隆驾驶 ND-0190 号机车牵引南京至杭州的 311 次列车，下午 2 时 07 分，列车驶出了真如车站。2 时 18 分，列车驶进匡巷站。按规定，列车驶近进站信号灯外，应减速缓行，随后停在规定的位置上。从信号灯停车位置的距离有六七百米长。但是，311 次列车没有减速。车站调度员见列车未减速，就通过电台呼叫要求列车减速，可是司机没有反应。调度员继续呼叫，但是列车闯过停车地点继续朝前行驶。当时，匡巷站助理值班员想赶到货车前面阻拦列车前进，但为时已晚，311 次列车已经闯过红灯，挤坏道岔，进入区间，径直朝前驶去。站在 311 次列车最后一节车厢里的运转车长发现情况有异，赶紧和司机联系，但司机没有反应。运转车长情知不妙，忙去拉紧急制动闸门，但手还没有拉到闸门，两列火车已经相撞了。

据了解，311 次列车在闯出红灯后，周小牛才采取制动（刹车）措施，但巨大的惯性使列车一时停不下来。周这才感到问题严重，就叫副司机刘国隆跳下火车去阻拦从长沙开往上海的 208 次列车。刘跳下火车时，心急慌乱，被绊了一跤，等刘爬起来，208 次列车已经迎面驶来。周小牛见撞车事故不可避免，自己躲到机车柴油机的后侧面，结果两车相撞，他却安然无恙。可见这是一起人为的责任重大事故，周、刘二人有不可推卸的责任。

（三）事故损失

此次事故造成伤亡 127 人，其中日本旅客死亡 27 人（除 1 人为教师外，其余 26 名都是年仅 16 岁的中学生），重伤 9 人，轻伤 24 人；中国公民死亡 1 人，重伤 1 人，轻伤 65 人。机车大破 2 辆、中破 1 辆，中断行车 23 小时，直接经济损失 312 万元。这是新中国成立以来死伤外籍旅客最多的一起行车重大责任事故。

（四）事故善后工作

1. 李鹏致电竹下登

1988 年 3 月 25 日，国务院代总理李鹏致电日本国内阁总理大臣竹下登，向在上海附近发生的列车事故中遇难和受伤的日本学生等的家属表示深切慰问。电文如下：

3 月 24 日，日本高知市修学旅行团一些学生等在上海附近发生的列车事故中遇难和受伤。对发生这样意外的不幸事故，我深表悲痛，谨向死伤亡者家属致以深切的慰问。我已指示中国有关方面竭尽全力抢救受伤人员，做好善后工作，接待好来华日方官员和家属。我将委派专人到上海处理此事。

2. 李鹏做具体批示

事故发生后，李鹏代总理非常关切，多次打电话询问情况，并作了三点批示：一是要妥善处理善后，不论是中国伤员还是外国伤员都要全力抢救，由上海市协助；二是事故现场要取证，以便对事故原因作出正确分析；三要认真接受教训，通报全路，提高警惕，搞好当前运输，不得稍有丝毫松懈和麻痹。

3. 李鹏委托陈俊生赴沪处理事故善后工作

新华社上海 3 月 26 日电,受李鹏代总理委托,国务院秘书长陈俊生以及国家经委副主任叶青等一行 6 人中午到达上海,负责处理"3·24"旅客列车相撞事故的善后的工作。

陈俊生宣布,国务院决定成立以上海市副市长黄菊为首、铁道部副部长李茂森、外交部副部长朱启祯和上海市副市长刘振远参加的事故善后工作领导小组,并宣布由全国安全生产委员会负责组成事故调查小组,对事故原因进行调查。李茂森、朱启祯已在 3 月 25 日抵达上海。

3 月 26 日下午,陈俊生同志受李鹏代总理的委托,前往殡仪馆,对这次事故中的死难者表示哀悼,去医院看望了在这次事故中受伤的中日旅客,对他们和他们的家属表示慰问。陈俊生同志还对上海医护人员表示慰问和感谢,并要求他们全力以赴对中日伤员进行治疗和抢救,使其早日恢复健康。

(五) 事 故 处 理

上海铁路运输中级法院 9 月 22 日下午公开审理 3 月 24 日沪杭铁路线上旅客列车正面冲撞的重大交通肇事案,依法以交通肇事罪判处 311 次列车司机周小牛有期徒刑 6 年 6 个月,副司机刘国隆有期徒刑 3 年。

(六) 事 故 教 训

(1)事故的直接责任者周小牛在狱中对发生事故总结了几条教训:工作责任心不强,安全第一的思想还未在头脑中真正树立起来,抱侥幸心理,关闭了机车"三大件";思想麻痹大意,开了一分钟的小差;进站未按规定瞭望,错过了最佳制动时间。

(2)当时两位人大代表就此事故帮着分析原因:事故的发生暴露了铁路内部的问题,铁路内部主要是干部作风问题,铁路到现在还是用抓政治运动的方式抓生产,总是打战役、搞优质线路,把表面上的石子摆齐整,这就好比有心脏病、胃病、肺病不去治,而是往脸上擦脂粉。老是统计干部下去了多少天,至于下基层干什么,解决了什么问题,就不管了。一个列车长对我讲,他一个往返(哈尔滨——上海——哈尔滨)就接待了 9 个检查组,光顾安排他们的吃、住了,哪里还顾得上本职工作。底下最烦这个了,总是搞形式主义,不按正常程序办事,一出事就开电话会议,说"不能再出事了"可措施在哪里?可见,干部作风不实也是造成安全不稳的重要原因。

四、铁路职工殉难受伤最多的新乡 "7·10" 追尾事故

(一) 事 故 概 况

1993 年 7 月 10 日 2 时 55 分, 163 次旅客列车行至京广线新乡南场至七里营间 608 km +

950 m 处与前行的 2011 次货物列车追尾冲突，造成 40 人死亡，9 人重伤，39 人轻伤，经济损失 130 多万元。

7 月 9 日下午京广线安阳至广武间受暴风雨倒树的影响，导致线路自动闭塞供电设备停电，打乱了正常的铁路运输秩序。郑州铁路分局调度员周某于 21 时 40 分下达了第 1828 号调度命令：在新乡南场至老田庵各站停止基本作业法，改用特定闭塞法。23 时 55 分开始，新乡办理了 9 列客车闭塞，7 月 10 日 2 时 15 分，2011 次货车从新乡南场出发，由于七里营站满线，该列车在新乡南场至七里营间运缓。2 时 40 分，163 次旅客列车从新乡南场开出，担当这次乘务的北京铁路局石家庄铁路分局石家庄机务段司机王某、副司机刘某，在接到 1828 号调度命令后，未经确认，错误理解命令内容，将新乡南场至七里营自动闭塞区间误认为是特定闭塞区间，并擅自关闭了机车信号和自动停车装置，运行中精神不集中，遇黄灯不减速，遇红灯不停车，速度达 80 km/h 左右，在距离 2011 次列车尾部约有百米处发现前方有车时，已错过制动时机，致使 163 次与 2011 次追尾冲突。造成死亡 40 人，其中乘务员 32 人，旅客 8 人；重伤 9 人，其中乘务员 7 人，旅客 2 人；轻伤 39 人，其中乘务员 4 人，旅客 35 人。机车中破 1 台，客车报废 3 辆，小破 15 辆；火车报废 1 辆，大破 2 辆，中断京广下行正线行车 11 h 15 min。

（二）事故原因分析

（1）北京铁路局石家庄铁路分局石家庄机务段司机王某、副司机刘某，错误理解调度命令的内容，擅自关闭机车信号和自动停车装置，严重违章蛮干，玩忽职守，遇黄灯不减速，遇红灯不停车，致使客货列车追尾冲突。

（2）石家庄机务段干部添乘制度不落实，对铁道部提出的"夜间客运机车列列有干部添乘"的要求执行不坚决，措施不得力，对石家庄至郑州间实行添乘的 18 对列车未安排干部添乘，没能防止事故的发生，这是构成事故发生的间接原因之一。

（3）郑州铁路分局调度所主任调度员周某未认真执行《调规》中有关发布调度命令的规定，发布命令不严肃。

新乡车站有关人员执行制度不严，这也是促成事故发生的间接原因之一。

（三）对事故责任者的处理

（1）北京铁路局石家庄铁路分局石家庄机务段司机王某、刘某是事故的直接责任者，两人的行为均已触犯刑律，已构成交通肇事罪，分别被判有期徒刑 8 年和 3 年零 6 个月。

（2）给予郑州分局调度所主任调度员周某行政撤职处分，调离调度所，另行分配工作。

（3）给予石家庄机务段党委书记李某行政记大过处分。

（4）给予石家庄机务段段长杨某撤职处分。

（5）给予石家庄铁路分局主管机务工作的分局长助理赵某、机务科长王某行政记过处分。

（6）给予石家庄铁路分局主管安全运输工作的副局长温某行政警告处分。

（四）对　策

（1）铁道部运输局会同有关部门组织力量尽快研究解觉无人看守列车尾部设置醒目标志问题。

（2）争取在两三年内解决跨局直快以上等级客车不用宿营车作隔离车的问题，局管内客车的隔离车问题由各局自行解决。

（3）各局测算出靠近线路危及行车安全、需砍伐的树木数量，确定需补载的树种，向所在地省、市、自治区林业绿化部门汇报，逐步解决。

（4）京广、京沪、京哈三大线上的有人看守道口全部上自动信号，其他有人看守道口逐年解决。

（5）对跨局运行的机车乘务员适当增加备用班次和备用人员，增加换乘班次，适当增加乘务员换乘点。

（6）把铁路大枢纽中客运机车和货运车混合段分开。

五、机车乘务员殉难最多的"7·27"重大事故

（一）事故概况

1990 年 7 月 27 日 8 时，2523 次货物列车与 848 次货物列车在沈阳铁路局通化分局梅集线通沟至干沟间 89.488 5 km 处发生正面冲突，造成 2523 次机车 1、2、15、19 位车辆脱轨，16、17、18 位车辆颠覆；848 次重联机车颠覆，机后 1 位车辆脱轨，机车报废 4 台，货车报废 1 辆，大破 4 辆，中破 2 辆，小破 3 辆；线路破坏 100 m，损坏钢轨 8 根，轨枕 156 根；机车乘务员死亡 9 人，重伤 3 人，中断正线行车 25 小时 15 分，是一起重大责任事故。

7 月 27 日，通沟站值班员王洪生 7 时 30 分接班后，于 7 时 38 分接到三源浦站 2523 次发车通知，王填写了行车日志，排了二道接车进路。7 时 39 分，王又接到干沟站 848 次开车通知，填写了行车日志，但没有排 848 次接车进路。接着王要到粮库借油漏子，准备给职工分油，让该站站务员岳国军替他顶岗，并交代"2523 次开过来了，通沟站有外调"，王说完就去粮库了。大约 7 时 53 分，岳国军听到 2523 次司机用无线电话呼喊通沟站，询问通沟站能否通过。岳答复司机"慢一点，看信号"。接着两次询问干沟站"站外调"情况，干沟站值班员赵玉峰答复"调车已结束"。岳马上询问赵："闭塞表示灯亮的是什么灯？"赵说是红灯。岳又问赵"你取消？我取消？"赵说："你取消吧。"然后，岳便使用半自动闭塞故障按钮取消了原 848 次占用区间的表示红灯。接着岳与赵办理了 2523 次闭塞手续，开放了 2523 次二道出站信号。

7 时 57 分，2523 次列车由通沟站通过。列车全部通过通沟站运转室后，岳国军向列车调度员李炎报点："2523 次通沟 7:57 通过。"李作了复诵。过了大约 1 min，李又用电话找岳报点，岳说："报啥点啊。不都报了吗？"李说"你 848 呢？"岳说："不知道 848。"接着岳

向三源浦、干沟两站问 848 情况，干沟站赵说："848，39 分开了。"岳这才想起看《行车日志》，发觉 848 还在区间，连忙拿起无线电话呼唤 2523 赶紧停车，但没有回音，此时 2523 次和 848 次已经发生正面冲突，时间为 8 时整。

（二）原因分析

这次事故是通沟站值班员王洪生违反《技规》第 241、242 条、《行规》第 69 条、《站细》第 26 条以及局发 1990 年劳字 114 号文件规定，在值班中擅离职守，自私委托他人顶岗，作业时不按规定与列车调度员联系会车计划，对有关接发车事项不认真向定岗人员交代，为这起事故埋下了严重的隐患，是这起事故的主要原因之一。

办理接发车的通沟站站务员岳国君、干沟站值班员赵玉峰违反《技规》第 204、241、242 条及部颁《接发列车作业标准》1503——84 的规定，简化作业程序，不检查确认区间空闲，盲目使用故障按钮强行开通区间，误办 2523 次闭塞；通沟站助理值班员于某，当班精神不集中，未起到监督作用，是这起事故的主要原因之二。

通沟站站务员岳国君、助理值班员于某技术素质低，据其交代对控制台闭塞表示灯显示作用不完全明白，以为控制台上闭塞表示灯是出站调车所至，没想到是区间被列车占用。干沟站值班员赵玉峰对出站调车和跟踪调车概念不清，笼统称为"站外调"。如果赵对两者概念清楚，使用标准用语，岳很可能从"跟踪"字句上察觉出区间有列车占用。梅通台列车调度员李炎不按规定向中间站布置三小时会让计划。2523 次 7 时 38 分三源浦开出及 848 次 7 时 39 分干沟开出，两站先后报完点，也没向通沟站布置会让计划，当通沟站 2523 次 7 时 57 分通过报点时，李也没发现车站办理上的错误，约过 1 min，李又让通沟站报 848 次点时仍未发现两列车进入一个区间，是这次事故的主要原因之三。

通化车务段干部作风不实，管理不严，对职工两纪松弛问题解决不力。通沟站站长、副站长都不在当地，7 月 27 日早晨站长牛某没有到站，副站长岂某又提前去通化给孩子看病，造成该站没有站长组织交接班，致使接班后职工违纪无干部发现和制止，也是这起事故的一个重要因素。

（三）对事故责任者的处理

（1）通沟站值班员王洪生违反《技规》第 241 条、《行规》第 69 条、《站细》第 26 条及局劳发[90]第 114 号文件规定，在办理接发车作业中不按规定与调度员联系会让计划，擅离职守，私自找人顶岗，离岗前对有关接发列车事项不认真向替岗者交代，是造成这起重大事故的主要责任者，交司法机关追究刑事责任。

（2）通沟站站务员岳国军违反《技规》第 241 条、242 条和部颁《接发列车作业标准》1503 的规定，未经领导批准擅自代行车站值班员办理接发列车作业，在不确认区间空闲的情况下违章办理行车，强行使用事故故障按钮向被占用区间开行列车，是构成这起重大事故的主要责任者，交司法机关追究刑事责任。

（3）干沟站值班员赵玉峰违反《技规》第 242 条和部颁《接发列车作业标准》1503 的规定，在未收到 848 次列车到达通沟站通知的情况下，又不确认区间空闲就承认 2523 次闭塞，实属玩忽职守，是造成这起重大事故的主要责任者，交司法机关追究刑事责任。

（4）通化分局列车调度员李炎，违反《技规》第 147 条和《调规》第 90、97 条的规定，没有布置中间站三小时会让计划，未注意列车运行情况，对这起重大事故负有重要责任，给予开除路籍处分。

（5）通沟站助理值班员于某，违反部颁《接发列车作业标准》1503 的规定，在车站值班员办理接发作业时对有关作业环节未能监督确认、复诵，对车站值班员在办理上未起到监督作用，对这起重大事故负有一定责任，故给予撤职处分。

（6）通沟站站长牛某，对车站管理不严，作风不实，对职工违章违纪纠正不力，在交接班时空岗，对这起重大事故负有直接领导责任，故给予撤职处分，改为工人，不保留干部籍，基本工资降一级。

（7）通沟站代理副站长岂某在交接班时提前私自离岗，造成车站领导空闲，对这起重大事故负有领导责任，给予记大过处分。

（8）干沟站站长阎某，对车站管理不善，要求不严，对这起重大事故负有直接领导责任，故给予撤职处分，由股级改为一般干部，基本工资降一级。

（9）通化车务段主管运输、安全的副段长杨某、王某，对安全生产领导不力，对职工违章违纪现象纠正得不够，对这起重大事故负有领导责任，分别给予记大过处分。副段长靳某虽管客货工作，但对这起重大事故负有一定的领导责任，给予警告处分。

（10）通化车务段党委副书记马某、工会主席唐某，日常对职工教育不严，思想政治工作力度不够，对这起重大事故也负有领导责任，分别给予警告处分。

（11）通化车务段段长宋某对所领导的单位要求不严，管理不善，致使职工两纪松弛，事故不断发生，没有采取有效措施，对这起重大事故负有重要的领导责任，给予撤职处分，由正科级降为一般干部，基本工资降两级。

（12）通化车务段党委书记潘某对职工教育不够，思想政治工作不力，致使职工两纪松弛，对这起重大事故负有领导责任，给予撤职处分，由正科级降为股级，基本工资降一级。

（13）通化分局运输科科长赵某和主管站务副科长安某，对车站行车基础工作抓得不力，对故障按钮使用管理不严，对这起重大事故负有管理检查指导责任，分别给予记过处分。

（14）通化分局主管运输副分局长张某，对分管的运输部门基础工作抓得不力，管理薄弱，车务部门安全生产被动局面长期得不到解决，职工违章违纪问题突出，对这起重大事故负有重要领导责任，故给予撤职处分。

（15）通化分局主管安全和机辆的分局副局长赵某，对安全生产组织领导不力，但鉴于该同志到任仅两个多月，故给予记过处分。

（16）通化分局分局长王某，对工作要求不严，领导不力，对安全生产长期被动局面没有采取有力措施；通化分局党委书记李某，对职工思想政治工作抓得不力，对职工违章违纪严重的问题没有及时采取措施，均负有重要领导责任，分别给予记大过处分。

六、天山站车辆溜逸重大事故

发生单位：乌鲁木齐局乌鲁木齐车务段天山站
发生时间：1991 年 9 月 19 日 2 时 38 分

（一）事故概况

天山站为四等站，业务性质为客货运站，联锁方式为电气集中联锁，区间为单线半自动闭塞。

1991 年 9 月 19 日 2 时 05 分，1413 次（机车东风 4 型，1091 号，现车 19 辆，总重 1 162 t，换长 25.2）列车进天山站 3 道停车后，准备进行调车作业。当时货物线共停有重车 10 辆并连挂在一起，由西端起第 4 位 C1720581 是 16 日 1416 次甩下的热轴车。计划由本务机担当调车作业，货物线加挂 6 辆石臂车编于 1416 次机次。单机由 3 道西头出，货物线挂 7 辆，1 道东头甩 3 辆，货物线甩 1 辆，1 道挂 3 辆，3 道挂本列。值班员制定调车作业计划，并令扳道员将作业通知单分别送交本务司机和运转车长，2 时 08 分开始调车作业。

在调车作业中，担任连结员工作的运转车长在货物线 7 位车后部提钩后，在本列越过 7 号道岔时，中途离开牵引车列，到车列前端等待挂头，这时仅由助理值班员一人作业。助理值班员在 1 道（2‰）摘 3 辆车时，未做任何防溜措施就提钩，当向货物线摘下一热轴车再返回 1 道时，发现 3 辆重车已不见踪影（当时风力 6 ~ 7 级）。跑至下行进站信号机外，确认无车后，返回 1 号扳道房通知值班员车辆溜入区间。

车站值班员在接到通知前，于 2 时 27 分曾发现东区挤岔铃响，出现红光带，但误认为设备故障，并通知电务处理。2 时 31 分与三个泉站办理 3123 次闭塞时得到车辆溜逸报告后，方意识到判断错误，立即通知三个泉站和列调。

三个泉站得知后，立即在 3 道钢轨上放了 3 只铁鞋，正待搬动防溜枕木时，3 辆石臂车已溜入站内，打飞铁鞋，挤过 3 号道岔于 2 时 35 分溜入三个泉站至头道河站间。此时，三个泉、头道河两站分别用无线列调电话紧急呼叫 2 时 21 分由头道河开出的 3123 次列车。3123 次司机听到呼叫后，紧急停车，退行约 1 km 发现溜逸车接近，在无法避免的情况下，采取制动措施，正副司机跳车。

2 时 38 分，3 辆溜逸车在 1 740 km + 500 m 处与 3123 次列车正面相撞。

（二）损失情况

挤坏道岔 3 付（天山站 2 付，三个泉站 1 付）；
机车中破 1 台；
车辆报废 3 辆、大破 4 辆；
损坏轨枕 6 根，中断正线行车 16 时 22 分；
直接经济损失百万元以上。

（三）原因分析

（1）天山站助理值班员担任调车指挥，作业中严重违反《技规》第188条规定，放弃对担任连结员工作的运转车长的组织领导；严重违反铁运（91号）78号文第8条"摘车时，必须在车辆停妥，采取防溜措施后再提钩"、"在调车作业中，对临时停留在线路内的车辆也应按本规定采取防溜措施"的规定。在运转车长擅自离岗的情况下，单独作业，简化作业程序，未采取防溜措施，是导致车辆溜逸的直接原因。

（2）运转车长接到调车计划后，在货物线挂车时提过一次钩后，未经允许擅自离岗，是促成助理值班员违章蛮干的重要原因。

（3）车站值班员身为行车组织者，在调车作业中违反《技规》第190条规定，未具体布置作业方法及安全注意事项，在调车作业过程中放松警惕，尤其是当发现挤岔铃响及岔区红光带时，未能及时发现险情，因而延误了三个泉站采取补救措施的时机。

七、张庄站调车脱轨大事故

发生单位：济南局济南分局济南车务段张庄站
发生时间：1991年11月26日23时30分

（一）事故概况

张庄站为四等站，业务性质为客货运站，连锁方式为电气集中。

11月26日，无2016次禹城站22时00分通过后，红外线值班员报告机后第15位热轴，通知张庄站车站值班员甩车处理。张庄站接到通知后，汇报列车调度员确定接4道甩车处理，无2016次22时20分借入张庄站4道，调车作业计划为：4+15，5－1，4道连接开车。当作业进行道5－1时，141次旅客列车临站开车，调度员同意141次通过后再进行调车作业。但班员没有及时停止调车作业，当本务机由5道牵出至上行正线1号道岔处，车站值班员再排列由上行正线至4道调车进路时，错误排列成由上行正线5道的调车进路。连接员确认调车信号开放后，即显示连挂信号，当机车顶14辆连挂时，车站值班员发现进路错误，马上一边用调车无线电话通知有关调车人员，一边办理进路取消、变更排列去4道进路，慌乱中未打开调车无线电话的开关按键，致使车列行至1号道岔时途中转变，造成车列第一辆去前转向架进入5道，后转向进入4道脱轨。

（二）损失情况

中断下行正线50 min，中断上行正线3 h 20 min。

（三）原因分析

车站值班员操纵控制台按钮时，未执行"一看、二按、确认、四呼唤"及"眼看、手指、口呼"制度，造成错排调车进路；同时，未按规定停止影响接发列车进路的调车作业，进行"抢钩"作业；违反《技规》变更调车作业计划的有关规定，边通知有关人员，边办理变更进路。

（四）事故责任者

车站值班员，男41岁，路龄23年，现职工龄8年。

（五）措　施

（1）车站值班员准确掌握列车运行情况，按规定时间停止影响接发列车进路的调车作业，严禁"抢钩"。

（2）电气集中车站排列进路时，必须严格执行"一看、二按、确认、四呼唤"和"眼看、手指、口呼"制度。

（3）调车信号开放后，不得任意变更，必须变更时，应得到调车指挥人确已停止调车作业的汇报后，方可关闭信号。

八、公主岭站旅客列车重大事故

发生单位：沈阳铁路局长春分局公主岭车务段公主岭站
发生时间：1992年11月14日0时1分

（一）事故概况

公主岭站为二等中间站，业务性质为客货运站，连锁方式电气集中，闭塞方式为双线自动闭塞。

3123次（货车16辆、守车1辆）到达公主岭之前，2301次于23时19分通过公主岭站，行至公主岭站—刘房子站间下行线646 km处，因重联机车自动排风途停。后续的2309次23时26分、2303次23时32分先后进入区间。9023次于23时41分进入公主岭1道，随即3123次进入3道停车，其后为171次旅客列车。列调23时55分口头指示车站值班员将3123次转入机场专用线腾空3道。车站值班员向站调传达列调指示时站调提出3133次转入机场线作业复杂，决定将3123次由南端转入5道。车站值班员于23时56分命令信号员选排3道对上行正线的调车进路。调车信号S3显示进行信号后，车站值班员用列车无线调度电话与3123次司机联系专线作业，司机回答"正在清灰作业，暂不能动车"。348次旅客快车于刘房子站23时58分开车后，车站值班员在没有通知调车长停止调车作业的情况下，命令信号员取消S3

调车信号。在车站值班员进行上述作业的同时（零时左右），站调用广播向调车长布置调车作业计划："将 3123 次全列由 3 道南头转入 5 道"。调车长听到广播后，口头向 3123 次司机传达了上述调车作业计划。在没有确认 S3 显示状态的情况下，盲目向 3123 次司机显示起动信号，指示机车推进，独自一人领车（没有把 3123 次转线计划传达连接员）逆向推进 17 辆前进，行至上行线 5 号道岔处，与 Ⅱ 道 0 时 10 分发出的 348 次旅客列车发生侧面冲突，致使 348 次机后 6、7、8、9 位脱轨及 3123 次守车脱轨。

（二）损失情况

（1）旅客死亡 1 人、轻伤 8 人（含无票乘车旅客 1 人、乘务员 1 人）；
（2）客车小破 4 辆、货车小破 1 辆、守车小破 1 辆；
（3）中断上行正线行车 6 h 59 min。

（三）原因分析

（1）车长违反《技规》第 187、189、193 条和《铁路调车作业标准》的有关规定，不确认调车信号显示状态，盲目指挥调车机的行动；推送 17 辆车，车列前部无人进行瞭望，单独一人作业，对事故应负主要责任。

（2）站值班员违反《技规》第 200 条"在接发列车时，应按车站规定的时间，停止影响列车进路的调车作业"和《技规》第 201 条"接发客运列车时，能进入接发车进路的线路没有隔开设备或脱轨器不准调车"的规定，348 次刘房子站 23 时 58 分开车后，在没有通知调车长停止调车作业的情况下，命令信号员取消 S3 调车信号，对事故应负重要责任。

（3）站调度员违反《技规》第 189 条"中间站利用本务机车调车，应使用附有示意图的调车作业通知单"的规定，用广播向调车长布置调车作业计划，对事故应负次要责任。

九、新市沟站列车冲突重大事故

发生单位：兰州铁路局银川分局中卫车务新市沟站
发生时间：1992 年 1 月 12 日 5 时 35 分

（一）事故概况

新市沟站为四等中间站，业务性质为客货运站，连锁方式为电气集中，闭塞方式为单线半自动。

1 月 12 日 3 时 12 分 3173 次（编组 30 辆）到达新市沟站 3 道后，本务机于 3 时 50 分开单机 4003 次去中卫站，由中卫站返回的单机 4002 次 4 时 50 分到达新市沟站 1 道后担任调车作业。调车计划为：单机 1 道出、3 + 8、专 1 – 8、3 + 8、专 2 – 8、3 + 5、专-5 待卸。调车长接受计划后与司机商定将计划变更为：单机 1 道出、3 + 10、专 1 – 10、3 + 11 专 2 – 11 待卸。当 3 + 10、专 1 – 10 时，因走形线坡道太长（走形线 2 669 m、为 15‰上坡道），推送不上去，退回牵出线。调车长提出 3 – 2 再送。司机与副司机商定后，决定再闯一次。而车站值班员仍按原定计划将进路排向 3 道。D2 信号开放后，调车长显示了起动信号，司机开汽闯坡（实际进入 3 道）以 50 km/h 的速度与 3 道停留的 20 辆发生冲突。致使 3 道停留车中第七位 C82708116 等 3 辆车颠覆（另有 7 辆车脱轨和破损）并侵入Ⅱ道界限，调车长受伤。由于助理值班员及机车乘务人员忙于抢救调车长，车站值班员忙于联系开单机送调车长去医院，均未检查调车冲突后的车辆状态和侵入限界状况。

5 时 21 分新市沟站承认了枣庄堡站 1307 次闭塞，1307 枣庄堡站 5 时 24 分开车。列车进站前司机问路："Ⅱ道通过"，司机回答"明白"。1307 次进站后于 5 时 35 分与侵入Ⅱ道界限的车辆发生侧面冲突。

（二）损失情况

（1）重伤 1 人（调车长）；
（2）机车大破 1 台、车辆报废 7 辆、大破 6 辆、中破 2 辆、小破 3 辆；
（3）线路破坏 163 m（其中钢轨报废 8 根）；
（4）中断正线行车 123 h 10 min；
（5）货物损失 126 836.52 元；直接经济损失 421 788.52 元。

（三）原因分析

1. 调车长

（1）违反了《技规》第 191 条中"中间站利用本务机车调车时，无论变更钩数多少，都应重新填写附有车站示意图的调车作业通知单"和《技规》第 189 条"调车指挥人确认有关人员均以了解调车作业计划后方可开始作业"的规定，并且违反了《铁路调车作业标准》中"变更计划"的有关规定。

（2）机车退回牵出线后，与车站值班员联系不彻底。

（3）未经领导准许，私自批准连结员当班时回家，造成 1 人作业，违反了《行规》第 29 条中"调车作业不足 2 人，不准作业"的规定，对事故应负主要责任。

2. 车站值班员

（1）身为调车领导人，未执行变更计划的有关规定，未掌握调车作业进度。

（2）听到 3 道调车冲突的汇报后，未检查确认冲突后的车辆状态及线路状况，在不明的情况下，盲目接发 1307 次。当 1307 次接近车站时，又指示助理值班员去叫休班职工救人，造成无人立岗接车，贻误了阻拦 1307 次列车，扩大了事故后果，对事故应负主要责任。

（3）助理值班员得知发生调车冲突后，只在行车室门前看了一下，没有检查确认冲突后的车辆状态。

当车站值班员承认 1307 次闭塞时，也未提醒，没有起到助理的作用。

（4）车站站长违反"中间站调车到现场监督指导作业"的规定；对经常出现的一人进行调车作业的现象没有采取有效措施加以制止；有时还带领当班职工离站领、购物品，致使职工思想纪律涣散，对事故应付直接领导责任。

（5）中卫车务段段长、党委书记及主管生产的副段长，对安全生产中的薄弱环节没有采取有力措施，对职工反映长期不称职的干部没有采取果断措施更换，对事故应负主要领导责任。

（6）司机在变更计划时，未按规定要书面计划，退回牵出线后，在联系不彻底的情况下就盲目向 3 道推进，违反《技规》第 191 条、《行规》第 29 条的规定。当推进 3 道后，间断瞭望，且速度过高，违反《技规》第 189、195 条的规定，是造成此次事故的重要原因，应负事故的次要责任。

（7）司炉担当瞭望工作，由牵出线进入 3 道后，因间断瞭望而未发现前方有车，违反《技规》第 189 条的规定，对此次事故负有一定责任。

（8）机务段段长、党委书记工作抓得不实不细，对职工教育管理不严，对违章违纪纠正不力，应负事故的领导责任。

根据以上原因分析和责任的判定，中卫车务段负这次事故的主要责任，中卫机务段负这次事故的次要责任。

十、圣佛站车辆溜入区间险性事故

发生单位：北京铁路局临汾分局侯马车务段圣佛站

发生时间：1992 年 1 月 13 日 20 时 08 分

（一）事故概况

圣佛站为四等中间站，业务性质为货运站，联锁方式为电气集中。

43121 次 19 时 30 分进 4 道后进行调车。计划为 4+10、8-10（并与原停留的 6 辆车连挂），然后单机由 8 道发车。8-10 时，司机停车后不与员停留车连接，调车长为此不摘钩。车站值班员开放 8 道出站信号后，19 时 55 分 43121 次司机在车站一未采取防溜措施、二未摘钩、三无人显示发车信号的情况下擅自摘钩，单机开车。

20 时车站值班员准备 24 次 3 道接车进路时，发现 6、8 号道岔出现红光带。此时，清扫员汇报 8 道车辆溜逸，车站值班员一边指示清扫员上车拧闸，一边用列车无线调度电话呼叫 3124 次紧急停车，并报告站长进行处理。被拧闸的车辆虽然减速，终因 3124 次速度高、距离近，停车不及，20 时 08 分与溜逸车辆正面冲突。

事故发生后，站长违章蛮干瞎指挥，指示车站值班员不封锁区间，未办理救援手续，按调车办理将机车开入区间把溜逸车辆取回站内，并且弄虚作假，把车辆溜入区间的险性事故假报成路外伤亡事故。

（二）原因分析

（1）车站站长违章蛮干瞎指挥，车辆溜入区间后未按规定向列调报告、封锁区间、请求救援，而是按调车办理，取回溜逸车辆，又造成 1 件险性事故。更为恶劣的是弄虚作假，把车辆溜逸险性事故，假报成路外伤亡事故，影响极坏，列站长责任险性事故。

（2）43121 次司机在未摘钩和停车未采取防溜措施的情况下，擅自提钩开车，对事故应负主要责任。

（三）主要责任者

车站站长，男 34 岁，路龄 14 年，现职工龄 2 年。

十一、胶济线"4·28"旅客列车冲突特别重大事故

（一）事故概况

2008 年 4 月 28 日 4 时 38 分，由北京开往青岛的 T195 次旅客列车运行至济南铁路局管内胶济下行线王村至周村东间 K290 + 800 m 处，因超速使机后 9 至 17 位车辆脱轨，并侵入上行线。4 时 41 分，由烟台开往徐州的 5034 次旅客列车运行至胶济上行线 K290 + 850 m 处，与侵入限界的 T195 次第 15、16 位间发生冲突，造成 5034 次机车及机后 1 至 5 位车辆脱轨。事故造成严重人员伤亡，中断胶济线上下行线行车 21 h 22 min。构成铁路交通特别重大事故。

（二）事故原因

（1）济南局对施工文件、调度命令管理混乱，以文件代替临时限速命令极不严肃。济南局《关于实行胶济线施工调整列车运行图的通知》即 154 号文件，23 日印发，距实施时间 28 日 0 时仅有 4 天。如此重要的文件却在局网上发布，对外局及相关单位以普通信件的方式传递，而且把北京机务段作为了抄送单位。文件发布后在没有确认有关单位是否收到的情况下，4 月 26 日又发布了 4158 号调度命令，取消了多处限速命令，其中包括王村—周

村东间便线限速的 4240 号调度命令（154 号文件对该地段限速 80 km/h 的条件并未取消），导致各相关单位在没有收到 154 号文件的情况下根据 4158 号命令盲目修改了运器数据，取消了限速条件。

（2）济南局列车调度员在接到 2245 次司机反映现场临时限速与运行监控器数据不符时，济南局于 4 月 28 日 4：02 补发了 4444 号调度命令：K293+780 – K290+784 处限速 80 km/h，但该命令没有发给 T195 次机车乘务员，漏发了调度命令。

（3）王村站值班员对 4444 号临时限速命令没有与 T195 次司机进行确认，也未认真执行车机联控。

（4）北京局在没有接到 154 号文件、也未确认限速条件的情况下，就盲目修改运器芯片；机车乘务员没有认真瞭望，失去了防止事故的最后时机。

十二、大桥站重伤事故

（一）事故概括

大桥站为四等中间站，业务性质为货运站，闭塞方式为单线半自动闭塞。2014 年 12 月 3 日 4 时 50 分，延吉车务段大桥站调车作业至货 7 道甩 1 辆推进运行时，将跟随师傅检查线路、距师傅 6 ~ 7 m 远，违章在枕木头上行走的连结员李某刮倒带进车下，其左腿被轧在机次第 3 辆后台车下，构成重伤事故。

（二）事故原因

（1）责任者李某在作业中违反《沈阳铁路局行车组织细则》第 141 条第 5 款的规定："严禁在道心、枕木头上行走，不准脚踏钢轨面、道岔连接杆、尖轨等"。在枕木头上行走，是造成事故的重要原因。

（2）李某距师傅 6 ~ 7 m 远，造成师徒分离，是造成事故发生的一项主要原因。

（3）领车人员王某未认真执行不间断瞭望信号，也是造成事故发生的另一项主要原因。

（三）事故处理

（1）遇难者李某被鉴定为三级伤残。

（2）领车人员王某按内部下岗三个月处理。

（3）李某的师傅与用人单位解除劳动合同。

注：本案例责任者李某为 2014 年入路新职人员，发生事故还在学徒期。

思 考 题

1. 铁路行车事故是如何分类的?
2. 什么是冲突? 什么是中断铁路行车?
3. 什么是错误办理行车凭证发车或耽误列车?
4. 什么是未办或错办闭塞发出列车?
5. 行车作业人身安全通用要求是什么?
6. 通过分析行车事故案例, 你有哪些体会? 今后打算在工作中如何去做?

参考文献

[1] 铁道部. 铁路技术管理规程（普速铁路部分）[M]. 北京：中国铁道出版社，2014.

[2] 彭乾炼，石瑛. 铁路行车组织[M]. 成都：西南交通大学出版社，2012.

[3] 王鹤鸣. 铁路行车组织[M]. 北京：中国铁道出版社，2001.

[4] 杨浩，何世伟. 铁路运输组织学[M]. 北京：中国铁道出版社，2001.

[5] 宋建业，谢金宝. 铁路行车组织基础[M]. 北京：中国铁道出版社，2005.

[6] 铁道部. 铁路行车事故处理规则[M]. 北京：中国铁道出版社，2007.

[7] 铁道部. 铁路技术管理规程条文说明[M]. 北京：中国铁道出版社，2014.